国家社会科学基金项目 (13BTY014)

青少年体力活动促进模式与实证

陈培友 著

南京师范大学出版社
NANJING NORMAL UNIVERSITY PRESS

图书在版编目(CIP)数据

青少年体力活动促进模式与实证/陈培友著. —南京:南京师范大学出版社,2018.8
ISBN 978-7-5651-3700-6

Ⅰ.①青… Ⅱ.①陈… Ⅲ.①青少年－体育锻炼－研究 Ⅳ.①G806

中国版本图书馆 CIP 数据核字(2018)第 058130 号

书　　名	青少年体力活动促进模式与实证
著　　者	陈培友
策划编辑	张　春
责任编辑	翟姗姗
出版发行	南京师范大学出版社
地　　址	江苏省南京市玄武区后宰门西村9号(邮编:210016)
电　　话	(025)83598919(总编办)　83598412(营销部)　83598297(邮购部)
网　　址	http://www.njnup.com
电子信箱	nspzbb@163.com
照　　排	南京理工大学资产经营有限公司
印　　刷	盐城市华光印刷厂
开　　本	710毫米×1000毫米　1/16
印　　张	11.5
字　　数	206千
版　　次	2018年8月第1版　2018年8月第1次印刷
书　　号	ISBN 978-7-5651-3700-6
定　　价	30.00元

出 版 人　彭志斌

南京师大版图书若有印装问题请与销售商调换
版权所有　侵犯必究

前 言

青少年体质健康问题是社会普遍关注的永恒话题,体力活动水平的下降无疑是该问题产生的"罪魁祸首"。笔者一直从事学生体质健康促进及相关研究,自 2010 年开始参与江苏省学生体质健康促进实践,密切关注青少年学生体质健康水平的发展,深感青少年体力活动开展和体质健康促进的重要性与迫切性。

2011 年,笔者在美国访学期间,围绕青少年体质健康、体力活动及相关的促进问题,进行了大量的文献阅读,进一步认识到发达国家对青少年体力活动缺乏问题及其所带来的身体健康问题的忧虑。无论是发达国家还是不发达国家,青少年体力活动不足问题都日益严重,并对他们的身心健康造成一定的威胁。2012 年回国后,笔者一直反思我国青少年的体质健康促进实践,以及学生体质健康突出问题,倍感学生体质健康促进工作的压力。体质健康促进的关键问题是促进青少年体力活动水平的提高,而促进体力活动水平提高,受到多系统、多层次、多因素的制约,目前国内的相关研究和实践仍然缺乏重要的理论和实践依据。因此,2013 年,笔者以"我国青少年体力活动促进模式与实证研究"为题,申报了国家社会科学基金项目并获准立项。在国家社会科学基金项目的资助下,该研究基于我国的教育背景,系统分析了影响我国青少年体力活动的社会生态因素,进行了大量实证研究,建立了青少年体力活动促进模式,并在江苏省省域内开展了相应的实践探索,取得了一定的成效,其主要成果表现在以下三个方面。

第一,阐析我国青少年体力活动社会生态系统。

青少年体力活动受到以下诸因素的影响:(1)个体微观系统因素的直接影响,包括年龄、性别特征因素,身体活动认知、情感、态度以及自我效能等心理因素,身体素质和运动能力因素等;(2)中观系统因素的影响,包括家庭、社区因素,学校因素及媒体因素等,这些因素及其相互关系构成了体力活动的社会支持系统;(3)宏观系统因素的影响,包括制度、经济、科技、文化、价值观等。青少年体力活动影响因子系统是复杂的、多层次的,每一层、每个因子的影响都不是孤立存在的。青少年的体力活动行为是由个体、自然和社会一系列的因素相互连接作用的结果，也是青少年与环境复杂交互作用的产物，其中，个体因素对体力活动行为起决定性作用，其他因素通过个体因素影响体力活动行为或直接对体力活动行为产生影响。

青少年自身微观系统因素受到人际关系层次因素和社区组织层面因素等外部因素的影响，所以单独干预某一因素，并不能有效达到青少年体力活动促进的目的，只有通过实施综合的体力活动干预项目，优化青少年体力活动社会生态系统因子及因子结构，才能从根本上改善青少年体力活动环境，增强青少年体力活动动机水平，提高青少年体力活动技能，促使青少年逐步形成运动的生活方式。

第二，建构我国青少年体力活动促进模式。

青少年体力活动的促进工作应该是相应社会生态系统的综合治理，需要全社会利益相关者共同参与。一方面，国家制定公共政策，保障青少年体力活动的权益，营造良好的体育锻炼社会环境；另一方面，学校、家庭、社区以及媒体应建立协同机制，为青少年提供更多的锻炼机会和强有力的社会支持。但目前我国教育行政管理机构的管理存在一些局限性：(1) 层级制的管理组织模式不能适应和满足体力活动促进工作的广泛性和多样性需求；(2) 教育行政管理机构缺乏对青少年体力活动促进项目进行科学有效的设计、开发和实施的能力；(3) 学校缺乏充足的资源和能力完成体力活动促进任务；(4) 社会环境制约着体力活动促进工作的顺利进行。青少年体力活动促进研究所建立的社会生态系统模式，综合考虑了多系统、多层次因素的制约性，为我国青少年体力活动促进工作的实施提供了系统的框架和蓝图，具有较高的指导作用。

我国青少年体力活动促进模式从外部组织上表现为一系列的组织诊断、评价、监督、控制等管理过程，从内部功能上表现为通过一系列体力活动促进项目改善青少年体力活动社会生态因子结构，促进青少年体力活动水平提高，并由外向内，构成了组织管理和项目干预一体化青少年体力活动促进社会生态系统模式（APAP - SEM：Youth Physical Activity Promotion - Social Ecological Mode）。青少年体力活动促进是一个系统的组织过程，从本质上看是一个组织管理活动，具有管理活动的一切特征，包括决策、计划、组织、执行和控制等，从系统角度看，具有系统的整体性、层次性、动态性、目的性等特征。同时，它又是一种比较特殊的管理活动，在管理主体、管理客体、管理过程中具有自身的特点。有鉴于此，实施该模式具有重要的价值：(1) 建立体力活动促进组织是开展促进活动的前提；(2) 完善体力活动促进政策、制度是实施促进工作的保障；(3) 设计针对性的体力活动促进项目是开展促进工作的关键；(4) 组织变革与创新是成功实施体力活动促进模式的灵魂。

因此,完善青少年体力活动组织、建立直线型组织与横向促进项目管理相结合的矩阵型管理架构,有利于设计、开发和有效实施体力活动促进项目,协调各利益相关者群体和社会资源,提高政策的执行力度及执行效果、效率和效益;不同层次水平因素及环境诊断、评价、干预、控制、再评价的多阶段组织流程模式,有助于提高组织能力,实现组织变革与创新。

第三,建立青少年体质健康促进软件平台。

青少年体质健康促进软件平台是实施青少年体力活动促进模式的一次尝试,它以促进工作为基础,为青少年体质健康、体力活动监测与评价、有效进行体质健康促进管理提供了一种辅助手段,也是江苏省学生体力活动促进实践的重要环节。该平台主要包括中小学学生运动指导平台、中小学学生体质健康评价和诊断平台以及为相关行政部门和学校提供决策信息的管理平台。

体质健康评价可以为学生提供体质状况评价和诊断报告,通过报告不仅可以让学生了解体质各指标的意义,而且能够诊断出学生体质健康在各项指标上的相对优劣程度,从而为学生选择有针对性的运动指导方案提供帮助。运动指导平台根据学生体质总体评价和单项指标诊断结果,为学生提供有针对性的指导方案。指导方案从运动目的、运动形式、运动强度和频度以及安全性等各方面提出了科学的要求,供学生下载、参考和使用。管理平台以学生体质健康数据、运动数据为依据,以班级、学校、市县区、省为单位统计学生的体质健康状况,以统计图、统计表和GIS专题地图方式展示群体体质健康分布特征和规律,为学校和各级行政部门制订有效的体力活动促进项目、健康促进项目提供有效的决策信息。

该研究无论在理论上还是在实证、实践方面都取得了一定的研究成果,具有一定的学术价值和较好的实践应用价值。(1)理论上,首先,建立了青少年体力活动社会生态系统,并分析系统的特点和各元素之间的交互作用,把已有的影响因素的分析提升到系统高度,并提出青少年体力活动的促进就是其生态系统的综合治理的观点;其次,我国青少年体力活动社会生态系统促进模式在已有影响因素结构模式的基础上扩展了管理的组织过程,为我国青少年体力活动促进提供了较为完善的综合实施框架。(2)实践方面,以江苏省学生体质健康促进工程为案例,一方面验证了模式的可行性和有效性,另一方面也为其他省份开展体力活动促进工作提供了样板;软件平台的建立,一方面为学生提供了体质诊断和评价报告及与之相对应的运动指导方案,另一方面为体质健康促进管理提供了数据支持,为建立学生体质及体力大数据以及制订管理决策提供了有益的帮助。

　　基于上述研究成果,笔者撰著了本书。全书共分十章,前两章主要包括研究问题的提出、研究目的和意义、研究内容和方法以及相关的研究综述,总结了前人的重要研究成果,分析了相关的概念和理论基础;第3至第6章是青少年体力活动社会生态系统理论分析和因子结构模式实证,论证了多系统、多层次因子之间的关系及对体力活动的影响;第7、第8章是青少年体力活动促进社会生态系统模式构建,阐述了构建的依据和原则,论述了该模式的内容、运作流程、特点及关键的要素,并以江苏省模式为例实证分析该模式的有效性;第9章结合江苏省的学生体质健康促进实践,根据体力活动促进模式的要求,在实践上搭建了学生体质健康促进软件平台,实现了体质和体力活动数据的收集和动态管理;第10章进一步总结已有的研究成果,提炼出有较好理论价值的结论,并提出未来研究的方向。相关研究成果为青少年体质健康促进领域研究提供了一定的理论基础和丰富的研究素材,比较适合相关专业研究生研读,也可以用于该领域的研究学者参考使用。

　　该书中研究的选题、论文的写作离不开我敬爱的导师辛勤和细心的指导,研究过程得益于项目团队成员以及我的硕士研究生密切协作。研究及出版经费得到国家社会科学基金资助,江苏省学生体质健康促进研究中心、南京师范大学及体育科学学院为开展该研究提供了充分的条件保障。南京师范大学出版社对于该书的编辑、修改以及出版提出了宝贵的意见和建议。在此一并表示我最诚挚的谢意!书中难免有疏漏之处,研究成果也一定会有局限性和众多不足之处,敬请读者批评指正。

陈培友

2017年12月

目 录

第1章 导 论 ... 1

1.1 研究背景及问题 ... 1
- 1.1.1 体力活动对青少年身心发展的意义 ... 1
- 1.1.2 青少年体力活动与体质健康危机 ... 2
- 1.1.3 青少年体力活动促进困境 ... 3

1.2 研究目的和意义 ... 4

1.3 研究对象及方法 ... 5
- 1.3.1 研究对象 ... 5
- 1.3.2 研究方法 ... 6
- 1.3.3 研究手段 ... 6

1.4 技术路线及创新点 ... 7
- 1.4.1 技术路线 ... 7
- 1.4.2 研究创新点 ... 9

第2章 青少年体力活动促进相关研究综述 ... 10

2.1 概念界定 ... 10
- 2.1.1 青少年 ... 10
- 2.1.2 体力活动与体育锻炼 ... 11
- 2.1.3 体适能与体质 ... 12
- 2.1.4 体力活动、体育锻炼与体适能、体质之间的关系 ... 13
- 2.1.5 体力活动不足或缺乏、静坐少动 ... 14
- 2.1.6 体力活动价值分析 ... 14
- 2.1.7 青少年体力活动促进 ... 18
- 2.1.8 青少年体力活动促进管理 ... 19

2.2　国内外青少年体力活动现状研究 ……………………………………… 19
　　2.3　青少年体力活动影响因素及促进研究综述 …………………………… 23
　　　　2.3.1　国外有关青少年体力活动影响因素及促进研究综述 ………… 23
　　　　2.3.2　国内青少年体力活动相关研究综述 …………………………… 29
　　　　2.3.3　国内外青少年体力活动促进管理研究 ………………………… 31
　　　　2.3.4　总结 ……………………………………………………………… 33
　　2.4　青少年体力活动促进研究的理论基础 ………………………………… 33
　　　　2.4.1　个体水平行为改变理论 ………………………………………… 33
　　　　2.4.2　人际水平行为改变理论 ………………………………………… 35
　　　　2.4.3　社区水平健康促进理论 ………………………………………… 36
　　　　2.4.4　系统理论及主要观点 …………………………………………… 38
　　　　2.4.5　生态学及其基本观点 …………………………………………… 40
　　　　2.4.6　社会生态系统理论 ……………………………………………… 41
　　2.5　本章小结 ………………………………………………………………… 44

第3章　我国青少年体力活动社会生态系统分析 ……………………………… 46

　　3.1　青少年体力活动社会生态系统 ………………………………………… 46
　　3.2　青少年体力活动社会生态系统特点 …………………………………… 49
　　　　3.2.1　目的性 …………………………………………………………… 49
　　　　3.2.2　整体性 …………………………………………………………… 49
　　　　3.2.3　层次性 …………………………………………………………… 49
　　　　3.2.4　动态性 …………………………………………………………… 50
　　　　3.2.5　开放性 …………………………………………………………… 50
　　3.3　青少年体力活动社会生态系统因子分析 ……………………………… 50
　　　　3.3.1　个体微观系统因子及其对青少年体力活动的影响 …………… 51
　　　　3.3.2　家庭、社区子系统因子及其对青少年体力活动的影响 ……… 54
　　　　3.3.3　学校子系统因子及其对青少年体力活动的影响 ……………… 55
　　　　3.3.4　媒体子系统因子及其对青少年体力活动的影响 ……………… 58
　　　　3.3.5　社会生态宏观系统因子及其对青少年体力活动的影响 ……… 58
　　　　3.3.6　青少年体力活动社会生态系统因子综合分析 ………………… 61
　　3.4　本章小结 ………………………………………………………………… 65

第4章 我国青少年体力活动社会生态系统因子结构模式实证分析 …… 67

4.1 调查对象及量表设计 …… 68
4.1.1 调查对象 …… 68
4.1.2 量表制作 …… 68
4.1.3 量表发放、回收与筛选 …… 69
4.1.4 项目分析 …… 69
4.1.5 探索性因子分析 …… 69
4.1.6 验证性因子分析 …… 69

4.2 结果与分析 …… 70
4.2.1 探索性因子分析结果 …… 70
4.2.2 验证性因子分析结果 …… 72
4.2.3 各阶因子得分差异比较 …… 76
4.2.4 量表的信度 …… 77

4.3 讨论 …… 78
4.3.1 青少年体力活动影响因素 …… 78
4.3.2 青少年体力活动社会生态系统因子结构关系 …… 79

4.4 本章小结 …… 80

第5章 青少年日常体力活动状况研究——基于江苏省学生的调查 …… 81

5.1 研究对象和方法 …… 81
5.1.1 研究对象 …… 81
5.1.2 研究方法 …… 82

5.2 结果与分析 …… 83
5.2.1 总的体力活动情况 …… 83
5.2.2 不同性别之间体力活动时间和能量消耗比较研究 …… 84
5.2.3 城乡之间体力活动时间和能量消耗比较研究 …… 86
5.2.4 不同地区之间学生体力活动时间和能量消耗比较研究 …… 87
5.2.5 不同年龄学生体力活动时间和能量消耗变化趋势研究 …… 89

5.3 讨论 …… 90

5.4 本章小结 …… 91

第6章 青少年体力活动和影响因素关系研究 …………… 92

6.1 Youth Physical Activity Promotion Model 理论综述 …………… 92
6.2 研究假设、对象与方法 …………………………………… 94
6.2.1 研究假设 ……………………………………………… 94
6.2.2 研究对象 ……………………………………………… 95
6.2.3 研究方法 ……………………………………………… 95
6.3 结果与分析 ……………………………………………… 97
6.4 青少年身体活动影响因素结构关系分析 ………………… 99
6.5 青少年身体活动影响因素综合得分分析 ………………… 101
6.6 讨论 …………………………………………………… 101
6.7 本章小结 ……………………………………………… 104

第7章 我国青少年体力活动促进社会生态系统模式构建 …… 105

7.1 青少年体力活动促进社会生态系统模式构建依据 ……… 106
7.1.1 模式、管理模式与社会生态系统模式 ……………… 106
7.1.2 社会生态系统与青少年体力活动促进 ……………… 106
7.1.3 青少年体力活动社会生态系统管理 ………………… 107
7.1.4 相关理论与方法依据 ………………………………… 111
7.1.5 我国教育背景及青少年生长发育特征 ……………… 112
7.2 青少年体力活动促进社会生态系统模式构建原则 ……… 112
7.2.1 机会均等性原则 …………………………………… 113
7.2.2 多方参与性原则 …………………………………… 113
7.2.3 促进项目多元性原则 ……………………………… 113
7.2.4 体质健康取向性原则 ……………………………… 113
7.2.5 监测与促进协同原则 ……………………………… 113
7.2.6 组织发展原则 ……………………………………… 114
7.3 青少年体力活动促进社会生态系统模式 ………………… 114
7.3.1 青少年体力活动促进社会生态系统模式构建 ……… 114
7.3.2 青少年体力活动促进社会生态系统模式运作流程 … 115
7.3.3 青少年体力活动促进社会生态系统模式特点 ……… 117

7.3.4　青少年体力活动促进社会生态系统模式实施的关键要素 …………………………………………………………………… 119
　7.4　本章小结 …………………………………………………… 120

第8章　青少年体力活动促进江苏模式案例分析 …………………… 121

　8.1　青少年体力活动促进江苏模式与运作概述 ………………… 122
　　　8.1.1　指导思想 …………………………………………… 123
　　　8.1.2　总体目标 …………………………………………… 123
　　　8.1.3　重点任务 …………………………………………… 124
　　　8.1.4　职责要求 …………………………………………… 126
　　　8.1.5　保障措施 …………………………………………… 128
　8.2　案例分析 …………………………………………………… 129
　　　8.2.1　体质健康促进中的体力活动促进 ………………… 129
　　　8.2.2　体力活动促进的社会生态系统特征 ……………… 130
　　　8.2.3　体力活动促进的管理与组织分析 ………………… 131
　　　8.2.4　青少年体力活动促进项目运作 …………………… 133
　　　8.2.5　江苏省学生体力活动促进效果及评述 …………… 137
　8.3　讨论 ………………………………………………………… 139
　　　8.3.1　江苏省青少年体力活动促进关键成功因素 ……… 140
　　　8.3.2　青少年体力活动促进与体质健康促进 …………… 141
　8.4　本章小结 …………………………………………………… 142

第9章　青少年体质健康促进管理信息系统建设 …………………… 143

　9.1　管理信息系统总体设计 …………………………………… 143
　9.2　管理系统功能设计 ………………………………………… 144
　　　9.2.1　总体功能 …………………………………………… 144
　　　9.2.2　学生体质评价和运动指导 ………………………… 145
　　　9.2.3　体质健康促进管理 ………………………………… 146
　　　9.2.4　基础数据管理 ……………………………………… 146
　9.3　管理系统运作流程设计 …………………………………… 147
　　　9.3.1　用户运动指导方案生成总体流程图 ……………… 147
　　　9.3.2　学生运动指导方案信息生成机制流程图 ………… 147

9.3.3　系统信息详细流程图 ……………………………… 148
　　9.3.4　基础数据管理流程 ………………………………… 149
9.4　管理信息系统数据库及模型库 ………………………………… 150
　　9.4.1　数据库 ……………………………………………… 150
　　9.4.2　模型库 ……………………………………………… 152
9.5　管理信息系统实现关键技术 …………………………………… 152
　　9.5.1　体质测试指标和运动指导方案对应关系 …………… 152
　　9.5.2　体质评价优劣态势评价结果编码 …………………… 153
　　9.5.3　运动指导方案编码 …………………………………… 154
　　9.5.4　软件开发技术 ………………………………………… 154
9.6　管理系统界面设计 ……………………………………………… 155
　　9.6.1　首页 …………………………………………………… 155
　　9.6.2　体质评价报告界面 …………………………………… 156
　　9.6.3　运动指导方案界面 …………………………………… 158
9.7　管理信息系统特点 ……………………………………………… 160
9.8　本章小结 ………………………………………………………… 160

第10章　研究结论与展望 …………………………………………… 162

10.1　研究结论 ……………………………………………………… 162
10.2　研究展望 ……………………………………………………… 163

附录 …………………………………………………………………… 165

附录1：2012年江苏省学生体力活动影响因素调查量表 ………… 165
附录2：世界卫生组织（WHO）体力活动指南 …………………… 169
附录3：美国疾病控制与预防中心（CDC）体力活动指南 ………… 171

第1章 导　论

1.1 研究背景及问题

1.1.1 体力活动对青少年身心发展的意义

体力活动是由于人体骨骼肌收缩而导致能量消耗的身体活动[1]。人类每天进行着各种各样的体力活动,比如,工作、娱乐活动、体育锻炼及做家务等,这些体力活动不仅可以满足人类生存和发展的需要,而且对人的健康产生重要的影响。众多研究结果表明,长时间地坐着工作、学习、看电视等静坐行为成为患冠心病、高血压、癌症、糖尿病等慢性疾病的重要风险因子[2];缺乏体力活动已成为全球范围死亡的第四位主要危险因素;适当的体力活动能够起到预防和治疗慢性疾病的作用[3]。

对处于生长发育关键时期的青少年来说,积极而有规律地参与中等强度以上体力活动有着更为重要的价值,主要表现在以下几个方面:① 有利于促进青少年多种体力活动技能发展;② 对提高青少年有氧耐力水平、增强心血管机能、促进骨骼生长发育、降低心血管疾病风险等有着重要的价值[4];③ 对于促进心理和

---

[1] C. J. Caspersen, K. E. Powell, G. M. Christenson. Physical activity, exercise, and physical fitness: definitions and distinctions for health-related research[J]. Public Health Reports, 1985, 100(2): 126–131.

[2] Geneva. Global health risks: mortality and burden of disease attributable to selected major risks[R]. World Health Organization, 2009.

[3] C. M. Burchfiel, T. N. Skelton, M. E. Andrew, et al. Metabolic syndrome and echocardiographic left ventricular mass in blacks: the Atherosclerosis Risk in Communities (ARIC) Study[J]. Circulation, 2005, 112(6): 819–827.

[4] Ian Janssen, Allana G. Leblanc. Systematic review of the health benefits of physical activity and fitness in school-aged children and youth[J]. International Journal of Behavioral Nutrition and Physical Activity, 2010, 7(40): 1–16.

智力水平发展、提高学业成绩[①]、增强心理和社会适应能力及提升社会化水平有着重要影响；④ 系统的、长期有规律的体力活动参与，有助于青少年形成良好的运动生活方式，并易于保持到成年，减少成年以后慢性疾病的发生概率[②]。相反，青少年体力活动不足，将对其一生乃至整个社会产生重要的负面影响。缺乏体力活动的青少年，较易产生超重肥胖倾向，从而增加非传染性疾病发生的风险；体验不到各种运动带来的快乐，运动技能得不到锻炼和维持，更进一步弱化其体育锻炼的习惯；心理和社会适应能力发展受到一定限制；成年以后更可能过早患有慢性疾病，增加家庭和社会经济负担。总之，在青少年时期，形成良好的运动生活方式，不仅有利于青少年身心健康发展，而且对于整个社会发展有着积极的促进作用。

1.1.2 青少年体力活动与体质健康危机

目前全社会青少年体力活动水平下降，体力活动不足已经成为不争的事实[③]。青少年的健康越来越受到体力活动不足的威胁，体质下降、慢性疾病的年轻化、青少年肥胖等问题无不证实了这一点。

美国的最新一份体力活动促进行动计划"Designed to Move"中指出，经济发达国家，体力活动不足（Physical Inactivity）已成为常态，发展中国家也正在快速跟进。体力活动的不足不仅严重威胁着人类的健康和生活质量，而且更为严重的是，它不断地侵蚀着人类的运动潜能。缺乏体力活动的儿童青少年更可能变成不愿参与活动的成年人，他们的行为又会进一步影响着他们的子女，从而形成了一个不折不扣的恶性循环，其结果是增加了成年人生命后期各种非传染性疾病的风险，给国家和社会带来越来越重的经济负担。美国9岁至15岁的孩子中等及中等以上强度的体力活动每年减少38分钟，从9岁到15岁，儿童青少年的

---

① Amika Singh, Léonie Uijtdewilligen, Jos W. R. Twisk, et al. Physical activity and performance at school: a systematic review of the literature including a methodological quality assessment[J]. Archives of Pediatrics & Adolescent Medicine, 2012, 166(1): 49.

② K. Licence. Promoting and protecting the health of children and young people[J]. Child Care Health & Development, 2004, 30(6): 623-635.

③ L. MacCallum, N. Howson, N. Gopu. Designed to move: a physical activity action agenda[M]. 2012.

体力活动水平下降75%[①],欧洲也有类似的研究结果。

国内有关青少年体力活动研究的结果表明,青少年在学校每天平均只有20分钟的中等及中等以上强度的体力活动,其中92%的学生在学校之外根本不参加体力活动[②]。2005年,有关部门对我国10万多名学生调查分析的结果表明,有三分之二的学生每天锻炼时间不足1小时,近四分之一的学生每天基本不锻炼。从2005年和2010年国民体质健康监测结果对比看,青少年学生肥胖和超重的检出率、视力不良率继续增加。虽然部分体质指标25年来呈下降的趋势得到遏制,但学生体质水平仍处于较低水平[③][④]。一系列学生"长跑猝死"事件,又一次把学生体质健康问题推到了风口浪尖。青少年体力活动不足无疑制约着青少年体质健康水平的提高,因此,提高青少年体力活动水平、增强学生体质、遏制青少年体质水平下滑趋势,已经成为公共健康领域和教育各界乃至全社会共同关注的热点问题。

1.1.3 青少年体力活动促进困境

针对青少年体力活动不足、体质下降的问题,国家曾经出台了一系列相关的体育政策、制度、法律和法规,努力提高学生的体育锻炼水平,增强学生体质。2007年中共中央国务院颁发《关于加强青少年体育、增强青少年体质的意见》(中央7号文),高度重视青少年体育工作,要求各省区市认真落实加强青少年体育、增强青少年体质的各项措施,确保学生每天锻炼一小时,切实减轻学生过重的课业负担,另外在学校体育设施建设、安全管理及环境等保障方面也提出了具体要求。新的体育与健康课程标准对体育教学理念、教学目标方面提出新的要求。但从政策的执行效果看,远没达到预期的要求,学生体质仍处于较低水平,学生的体力活动时间被大量的学业学习时间占用。教育行政部门和学校面对政策要求,在执行过程中,面临资金、设施、体育师资、制度、项目、学生家庭等众多复杂

---

① Philip R. Nader, Robert H. Bradley, Renate M. Houts, et al. Moderate-to-vigorous physical activity from ages 9 to 15 years[J]. Jama: the Journal of the American Medical Association, 2008, 300(3): 295-305.

② C. Tudor-Locke, B. E. Ainsworth, L. S. Adair, et al. Physical activity and inactivity in Chinese school-aged youth: the China Health and Nutrition Survey[J]. International Journal of Obesity, 2003, 27(9): 1093-1099.

③ 国家教育部. 关于2005年全国学生体质与健康调研结果公告[EB/OL]. 2006.

④ 国家教育部. 关于2010年全国学生体质与健康调研结果报告[EB/OL]. 2011.

因素的制约,青少年体力活动促进举步维艰。

20世纪90年代以来,众多的学者在理论和实践上围绕制约青少年体力活动的因素、青少年体力活动促进的理论方法和技术等方面做了大量的科学研究,形成了一系列关于青少年体力活动促进的理论基本框架、促进模式。但比较这些不同的青少年体力活动促进研究成果发现:① 体力活动促进研究成果多来自于西方发达国家;② 不同国家、地区以及不同的研究视角,形成了不尽相同的研究结论,表现在青少年体力活动影响因素分析,体力活动促进模式、方式和方法上,有着较大的差异性;③ 已有的促进模式和实践主要针对影响因素及对因素之间的作用机制进行干预,缺乏相应的组织管理的内容,虽然在小范围内取得了暂时性效果,但面对大范围实施促进项目时,却面临着项目管理与组织困难;④ 我国的青少年处于具有中国特色的教育环境、人文环境、社会环境中,其体力活动促进方式、方法有其自身的特殊性;⑤ 我国的青少年体力活动促进相关研究相对薄弱。

因此,在我国教育背景下,综合分析青少年体力活动下降及不足的影响因素及作用机制,研究开发我国本土的青少年体力活动促进模式,改善有效促进青少年体力活动的方式、方法,仍然是理论和实践上急需解决的重要问题。这些问题得不到解决,势必影响到青少年体力活动促进实践。

1.2 研究目的和意义

该研究以我国青少年学校教育为研究背景。首先,基于社会生态系统理论建立青少年体力活动生态系统,深入分析个体、学校、家庭和社会等元素构成的社会生态系统因子对青少年体力活动带来的影响;其次,在此基础上,针对青少年体力活动促进中存在的问题,结合管理学、健康促进理论构建青少年体力活动促进系统模式;最后,结合江苏省儿童青少年体力活动促进实践,进一步探索模式的作用及价值,并形成一套促进青少年体力活动的方式和方法。

通过该研究,一方面预期形成一整套我国青少年体力活动影响因素的分析框架和体力活动促进的理论模式,丰富我国青少年体力活动促进研究领域的理论内容;另一方面,为我国青少年体力活动促进实践,提供先进的理论、方法和技术上的指导,为我国青少年健康发展促进提供参考依据。

1.3 研究对象及方法

1.3.1 研究对象

该研究的研究对象是我国青少年体力活动促进模式。我国教育背景提出，青少年体力活动不足的根源来自于社会生态系统本身，多层次、多方面的社会生态因子及其交互作用制约着青少年体力活动水平；青少年体力活动促进是对青少年体力活动生态系统的综合治理。青少年体力活动促进既要充分发挥我国政府的领导作用，又要积极寻求相关利益群体和专家的协助及参与，形成具有政策执行、项目开发、项目实施和项目管理能力的体力活动促进组织。一方面，依据国家的体育政策制度要求，研究开发科学的体力活动促进项目；另一方面，通过行政措施和科学的项目管理，提高项目实施效果。针对以上假设，该研究将依次围绕以下几个目标展开研究：首先，基于我国的教育背景，在理论上探讨体力活动、体育锻炼、体质健康等相关概念及其区别和联系，分析青少年体力活动不足问题及相关研究的理论基础；其次，基于社会生态视角，诊断、分析影响青少年体力活动的多层次因素及因素交互作用机制；再次，结合管理学、健康促进理论，构建我国青少年体力活动促进社会生态系统模式；最后，结合江苏省儿童青少年体力活动促进实践，进一步确定有效促进青少年体力活动的方式、方法和手段。具体研究内容如下。

① 我国青少年体力活动问题分析。主要研究体力活动、体育锻炼、体质以及体适能相关概念，重新认识我国青少年体力活动促进相关问题的内容、含义及研究价值。

② 我国青少年体力活动不足归因分析。基于社会生态系统理论，建立青少年体力活动社会生态系统，分析学校、家庭、社区、媒体等社会生态因子及其交互作用给青少年体力活动带来的影响，揭示青少年体力活动不足的系统性问题及制约机制，并通过实证方式验证青少年体力活动社会生态因子结构模式。

③ 在分析青少年体力活动组织、组织架构、管理机制的基础上，构建我国青少年体力活动促进社会生态系统模式，详细分析模式的特点、功能及应用该模式的关键因素。

④ 案例分析，验证所提出模式的有效性，进一步确定促进青少年体力活动的

关键因素,并提出有效提高青少年体力活动水平的方式和方法。

⑤ 结合江苏省学生体质健康促进实践,搭建学生体质健康促进管理平台,为学生提供体质健康评价工具和有针对性的运动指导方案,为相关行政管理部门提供决策支持。

1.3.2 研究方法

(1) 文献资料法

检索相关研究文献,进一步分析已有研究趋势,为该研究提供参考依据。收集案例分析的资料,对各类资料进行归纳分析,总结验证体力活动促进模式。

(2) 数理统计方法

采用探索性因子分析验证量表的因素结构有效性;采用验证性因子模型研究青少年体力活动社会生态影响因子及其交互作用关系;采用描述统计的方法,描述各因子得分及标准差等统计量;采用相关分析法验证量表和问卷的可靠性。

(3) 专家访谈和调查法

采用专家调查法确定体力活动问卷和生态因子量表的内容有效性;采用专家访谈法获取专家对青少年体力活动促进的认识资料。通过质性资料分析归纳,建立有效的青少年体力活动促进模式。

(4) 系统分析法

结合系统分析理论分析青少年体力活动社会生态系统元素、结构和功能特点。

(5) 案例研究方法

采用案例研究方法验证青少年体力活动促进模式在实际应用中的有效性,并据此进一步确定有效实施青少年体力活动促进模式的关键系统因素。

(6) 软件工程方法

在建立学生体力活动促进管理机制的基础上,结合先进的计算机技术,采用软件工程的设计方法和开发学生体质健康管理促进平台,为促进学生体力活动水平的提高提供软件平台。

1.3.3 研究手段

该课题采用的研究手段主要是调查、访谈、案例分析。

(1) 体力活动影响生态因子问卷(见附录1)

通过检索文献,初步设计青少年体力活动影响因子感知量表,通过专家调查、访谈,确定量表的专家效度;初始调查获取数据,采用探索性因子分析方法,进一步研究量表的结构有效性,并对该量表的内部一致可靠性和外部可靠性进行验证;进一步修正量表后实施调查。

(2) 访谈法及资料质性研究

针对学生体力活动及相关影响因子,以江苏省为例,访谈不同层次体育教育行政部门人员(省教育厅、市教育局、学校领导)及教师。收集近三年江苏省学生体质健康促进研究中心的资料,采用质性研究方法分析归纳,验证体力活动促进模式的有效性。

(3) 案例分析

以江苏省体力活动促进为例,通过对青少年体力活动促进江苏模式的运行及运行效果的分析,进一步实证分析体力活动促进模式的有效性。

(4) 样本的选择

考虑到各省青少年教育环境的相似性以及时间和经费的限制,该研究以江苏省学生体力活动促进为例,在江苏省镇江市采取分层整群抽样方法展开调查。抽取城市和乡村小学(五、六年级)、初中、高中各一所,按年级分层,分别从五年级、六年级、初中各年级、高中各年级中抽取男生和女生各50名以上,总计2 000人。

1.4 技术路线及创新点

1.4.1 技术路线

本研究针对我国青少年体力活动不足以及促进模式的问题,基于社会生态系统理论、管理学理论、健康促进理论等,采用规范分析、案例分析等定性和定量相结合的方法,系统、深入研究青少年体力活动社会生态系统,构建青少年体力活动促进社会生态系统模式。具体研究的技术路线如图1-1所示。

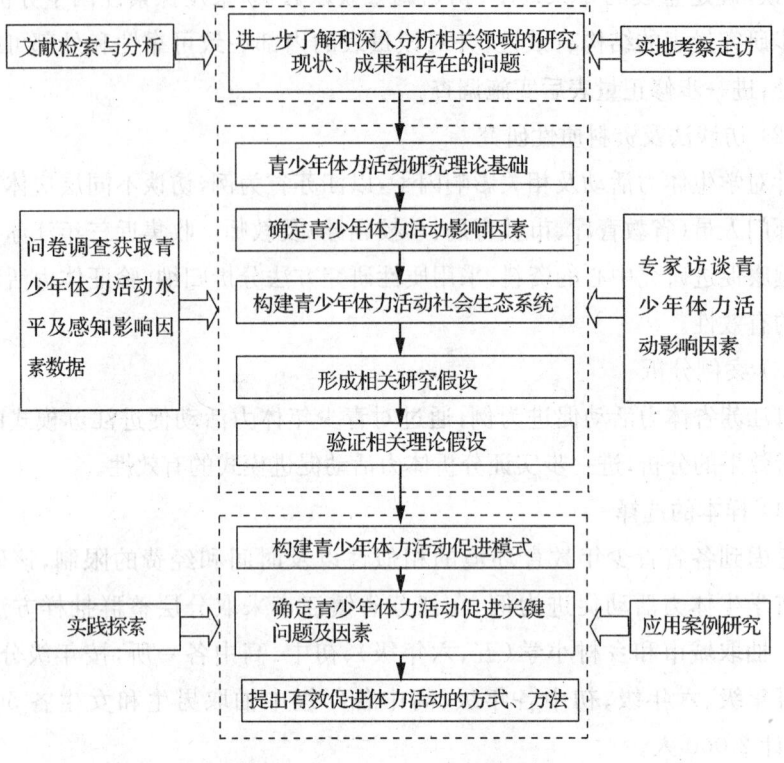

图 1-1 研究技术路线示意图

① 进一步了解和深入分析该研究相关领域国内外研究现状、已取得成果和存在的问题；

② 阐述青少年体力活动促进研究相关理论基础；

③ 基于社会生态系统理论，构建青少年体力活动社会生态系统，系统分析青少年体力活动不足等系统性问题，形成相关研究假设；

④ 收集青少年体力活动水平及青少年感知体力活动影响因子数据，验证相关假设；

⑤ 建立青少年体力活动促进社会生态系统模式；

⑥ 采用案例研究分析确定体力活动促进模式的有效性，并在此基础上确定有效促进青少年体力活动的关键控制因素；

⑦ 提出有效促进青少年体力活动的决策建议；

⑧ 结合江苏省学生体质健康促进实践，探索学生体力活动促进的方式和方法。

⑨ 建立江苏省学生体质健康促进管理平台，运用计算机和网络技术，实现学

生体质健康评价及运动指导。

1.4.2 研究创新点

本研究的创新点主要体现在以下几个方面。

① 青少年体力活动影响因素在国外研究中已经得到较好的阐释,国内研究相对比较缺乏,特别是实证分析较少。该研究基于社会生态系统理论视角,建立了我国青少年体力活动社会生态系统模型和相关假设,并采用调查法、访谈法和因子分析模型统计方法实证分析青少年体力活动社会生态系统因子结构模式,以期为系统、全面分析认识青少年体力活动社会生态系统问题提供帮助。

② 已有的青少年体力活动促进模式基于影响因素之间的结构关系,为促进实践提供了科学依据,但没有考虑到大范围实施过程中如何进行管理以及如何提高项目的实施效果。该研究基于社会生态系统理论分析框架,结合健康促进和管理学理论,建立青少年体力活动促进社会生态系统模式,扩展了基于因子结构关系的结构模式,融入了组织管理过程与方法,形成了较为综合的青少年体力活动促进管理的实施框架。

③ 已有的促进模式的实证研究更多集中于小范围的因素干预,该研究的分析方法,综合验证了青少年体力活动促进模式的有效性,进一步确定了青少年体力活动促进的关键问题和控制因素,并为模式的应用提出了决策性建议。

④ 最终获取一整套青少年体力活动影响因子的系统分析框架和有效实现青少年体力活动促进的理论和方法。

⑤ 运用软件工程理论设计方法和开发学生体质健康促进管理平台,把学生的体力活动促进纳入到体质健康管理中去,根据学生体质健康状况,为学生提供个性化的运动指导方案。

第 2 章　青少年体力活动促进相关研究综述

青少年体力活动促进不仅是对青少年体力活动行为的干预,而且是一项错综复杂的管理活动。首先,应在体力活动行为及环境诊断的基础上,明确青少年体力活动行为及其影响因素;其次,针对青少年以及相关的组织群体,设计、开发综合的促进方案或项目;最后,在不同层次的组织和部门系统中进行项目实施和管理,为有效实现青少年体力活动促进提供条件和保障。所以,研究分析青少年体力活动行为,设计和开发青少年体力活动促进项目以及研究有效实施项目的方式和方法,将运用到不同的理论、方法和技术。本章通过以下三个主要内容的分析为该研究提供基础:界定和探讨该研究相关的一些基本概念;综述分析国内外青少年体力活动水平现状、青少年体力活动影响因素、青少年体力活动促进以及管理的相关研究;阐述后续研究中运用到的系统学、生态学、社会生态系统理论的基本内容和观点。

2.1　概念界定

2.1.1　青少年

关于青少年的界定,国内外尚无定论,一般有两种常见的划分方法[①]:一是以青少年身体生理机能发育状况是否成熟为标志,参照年龄进行群体划分;另一种是以青少年身体机能和心理机制是否成熟为参考,包括青少年生理机能、心理发展水平、世界观、人生观、价值观等指标。科学研究中,常采用年龄划分方法,但不同国家、地区和不同研究内容在进行青少年界定时也有所区别。通常认为 12 周岁以下是童年,12～18 周岁为少年,18～25 周岁为青年。联合国规定青年人为 14～34 岁人群;日本为 12～25 岁;美国男子为 13～25 岁,女子为 12～22 岁;

---

① 马桂平. 社会学视野下青少年问题研究[M]. 郑州:河南人民出版社,2008.

拉美国家为 15~24 岁；等等。我国的少年是指 14~18 周岁，青年指 18~25 周岁。所以平时所说的青少年，概念并不严格，而是较为宽泛的生活用语，在研究领域也存在一定的混乱。本研究所指的青少年，在年龄上指 12 周岁以上、22 周岁以下的人群，主要是在学校学习的初中、高中和大学学生，特别针对生理、心理发育未完全成熟的初高中学生群体。

2.1.2 体力活动与体育锻炼

体力活动(Physical Activity)是由于人体骨骼肌收缩而导致能量消耗的身体活动。日常体力活动分为与职业有关的体力活动、竞技运动、家务劳动、休闲娱乐等。体力活动的翻译来自于香港的学术界，我国内地学术界常把体力活动称为身体活动，所以在以下的研究中，对于体力活动和身体活动将不做区分。

科学研究中常采用两种主要形式来记录体力活动能量消耗。一种是体力活动量表、问卷、备忘录等工具，以其经济性、便捷性等优势特点，经常在大范围调查时使用。这种方法是通过记录一周的体力活动内容、强度、方式，来计算运动能量消耗，记录单位为千卡。但这种方法误差水平较大，对于儿童人群来说较难实施。另一种较为客观的方法，是运用比如计步器、加速度计等工具，这种客观的用工具测量体力活动能量消耗的方法相对比较准确，成为测量体力活动的标准测量手段。但由于这些标准的仪器较为昂贵，因此不利于大范围调查使用。

体力活动评价从体力活动时间、体力活动频率、体力活动量三个方面实施。体力活动量以能量代谢当量(Metabolic Equivalent of Energy, MET)为参照，常把 1~3MET 的活动称为低强度体力活动，3~5.9MET 的活动称为中等强度体力活动，6MET 以上的活动称为高强度体力活动[①]。世界卫生组织在关于身体活动有益健康的全球建议中指出[②]（参阅附录 2），青少年体力活动包括在家庭、学校和社区中的玩耍、游戏、体育运动、交通往来、家务劳动、娱乐、体育课或有计划的体育锻炼等，每天累计至少有 60 分钟中等到高强度的身体活动，这些活动包含了每周至少 3 次有规律的以下三种形式的活动：躯干和四肢大肌肉群的抗阻力锻炼，以增强肌肉力量；高强度有氧运动，以增进心肺健康、减少心血管疾病和代谢性疾病风险；促进骨骼健康的负重活动。基于体力活动的重要性以及体力

---

① 王正珍. ACSM 运动测试与运动处方指南[M]. 北京：人民卫生出版社，2010.
② 世界卫生组织. 关于身体活动有益健康的全球倡议[R]. 2010：15.

活动不足对健康带来的负面影响,目前很多国家和地区都制定了不同年龄群体的体力活动推荐量和评价标准,一般认为:儿童青少年每天至少参与1个小时以上中等及中等强度以上的体力活动;成年人和老人一般应参与每天半个小时、每周至少5次的体力活动。美国疾病控制与预防中心也提出同样的要求,给出不同年龄人群的体力活动建议(参阅附录3)。

体育锻炼(Exercise)有时对于在校学生来说又称为体育活动,该概念不同于体力活动,但它包含于体力活动,是体力活动的一种形式,也是青少年体力活动的重要组成部分,有时候可以和体力活动交换使用,它的能量消耗记录方式、体育锻炼评价形式与体力活动是一致的,对体适能水平的提高都有着积极的意义,但体育锻炼与体力活动的目的、形式、内容有一定的差异性,Caspersen将体育锻炼定义为有最终和阶段目标的、有计划的、有组织的、重复的、以保持和/或提高体适能(Physical Fitness)为目的的体力活动。主要目标是促进和维持自身的体适能、增进健康水平、提高体育技能水平[1]。比如,竞技体育训练、体能训练等更多被称为体育锻炼,而职业相关活动、家务劳动、休闲娱乐以及日常其他活动等主要以身体能量消耗为目的,对健康有积极的意义,却并不能显著有效地增进体适能水平。但如果能积极地把这些日常生活的体力活动规律化,主动提高活动强度,也可以被认为是体育锻炼。

2.1.3 体适能与体质

体适能是 Physical Fitness 的中文翻译,是指人体所具备的有充足的精力从事日常工作(学习)而不感疲劳,同时有余力享受康乐休闲活动的乐趣,能够适应突发状况的能力。美国运动医学会(American College of Sports Medicine,ACSM)认为[2]:体适能由健康体适能(Health-related Physical Fitness)和技能体适能(Skill-related Physical Fitness)组成[3]。健康体适能是与健康有密切关系的体适能,是指心血管、肺和肌肉发挥最理想效率的能力,其测量和评价的主要内容包括身体成分、肌肉耐力、心肺耐力和柔韧素质。技能体适能包括灵敏、平衡、

---

[1] Carl J. Caspersen, Kenneth E. Powell, Gregory M. Christenson. Physical activity, exercise, and physical fitness: definitions and distinctions for health-related research[J]. Public Health Reports, 1985, 100(2): 126.

[2] Brent S. E. Rich. ACSM's health-related physical fitness assessment manual[M]. Amsterdam: Wolters Kluwer Health, 2013.

[3] 沈剑威,阮伯仁. 体适能基础理论[M]. 北京:人民体育出版社,2008.

协调、速度、爆发力和反应时间等,这些要素是从事各种运动的基础,但没有充分证据表明它们与健康和疾病有直接关系。

体质是身体的质量,是在遗传性和获得性基础上表现出来的人体形态结构、生理机能、心理素质和适应能力等方面综合的、相对稳定的特征[①]。体质概念的内涵包括了身体形态、生理机能、身体素质、心理和社会适应五个方面。

体适能、体质与健康水平都是人的身体所表现出来的一种状态,它们之间有一定的关系。体质水平较高的人,更可能表现出较高的健康水平;健康水平较高的人,一般有较好的体质。体适能或体质可以用人体的一系列指标来反映,不同的人所表现出来的这种状态有较大的差异性,主要原因除受到遗传、环境的因素影响之外,体力活动或体育锻炼对提高体适能或体质水平也有着重要的意义。

2.1.4 体力活动、体育锻炼与体适能、体质之间的关系

体育锻炼、体力活动、体适能或体质与健康之间的关系可以由图2-1来表示。

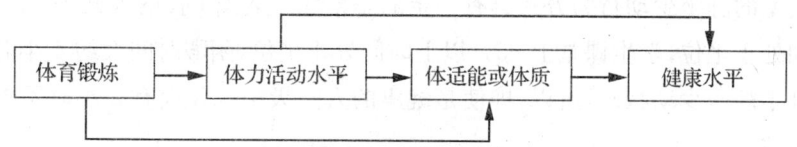

图2-1 体育锻炼、体力活动、体适能或体质与健康的关系

图2-1中显示了三条有利于健康的路径:一是有目的的体育锻炼显然会增加体力活动水平,从而提高体适能或体质水平,促进身体健康水平的提高;二是体育锻炼会直接提高体适能或体质水平,对健康产生影响;三是体力活动水平对健康产生直接影响,众多研究也证明了规律性的体力活动有利于提高健康效益、降低疾病风险,体力活动与健康之间存在着剂量效应。

该研究对体适能或体质、体育锻炼和体力活动不做严格区分,促进青少年体力活动的主要手段仍然以学校为载体,要提高青少年的体育锻炼水平,必须增强体育锻炼技能,使青少年更有能力地参与到体育活动中来,提高自身的体力活动水平,从而对其体质和健康产生影响。

---

① 曹湘君.体育概论[M].北京:北京体育大学出版社,1988.

2.1.5 体力活动不足或缺乏、静坐少动

体力活动不足或缺乏(Insufficient Physical Activity)是指每周10分钟以上的中等或高强度生活型体力活动(体育运动、家务、交通或休闲等),但没有达到世界卫生组织或美国疾病防控中心建议的标准。美国颁布的运动处方指南明确规定了不同年龄人群的体力活动时间、强度、频率以及运动类型,建议成年人每周至少进行150分钟(每周5次)中等强度或75分钟(每周3次)较大强度体力活动,并且每周要进行2~3次的主要肌肉群的抗阻练习和柔韧性练习。对于儿童青少年来说,每天要进行1小时或以上的中、高强度体力活动,其中包括每周至少3次高强度的有氧运动(跑步、滑冰、游泳等)、3次促进肌肉力量的运动(爬山、举重等)和3次促进骨骼力量的运动(跑步、跳绳、篮球、网球等)。

静坐少动(Sedentary or Physical Inactivity)生活方式是指每天保持长时间坐着或不活动,每周少于10分钟中等或高强度生活类体力活动。静坐少动行为方式不仅与多种非传染性疾病相关,而且成为独立于运动的风险因素[1]。即使每天保持30分钟的运动,人们仍然有大量的时间保持静坐或轻微体力活动。不同工作类型的静坐少动行为方式具有一定的差异性。案头工作的人几乎75%以上的时间处于坐位,学生课堂上95%以上时间处于坐位,闲暇时间大约4小时以上时间处于静坐少动状态,所以,即使是健康的人一天中也仅仅有2小时不处于坐位或卧位。

2.1.6 体力活动价值分析

青少年肥胖、耐力素质水平是预测代谢综合病以及心血管疾病风险因素的重要指标,部分指标可延续至成年,成为成年以后病症风险的源头。美国1999—2002年对12~19岁青少年的营养和健康调查(NHNES)显示,超重和肥胖人群代谢综合征的患病率分别为7.8%和44.0%[2]。Amanda Friend 对2003—2011年的85篇关于儿童青少年代谢综合疾病研究综述的结果发现,超重

---

[1] Bankoski Andrea, Tamara B. Harris, James J. Mcclain, et al. Sedentary activity associated with metabolic syndrome independent of physical activity[J]. Diabetes Care, 2011, 34(2): 497-503.

[2] Stephen Cook, Peggy Auinger, Chaoyang Li, et al. Metabolic syndrome rates in United States adolescents, from the national health and nutrition examination survey, 1999—2002[J]. Journal of Pediatrics, 2008, 152(2): 165-170.

和肥胖孩子的患病率分别为11.9%和29.2%,而非超重或肥胖人群的患病率只有0%~1%[1]。我国7~17岁体重正常、超重、肥胖的儿童青少年中,代谢综合病患病率分别为0.7%、8.0%、23.9%[2]。有关研究也表明体适能水平低下成为慢性疾病独立风险因子[3]。体适能是评价健康状况的综合指标,其中健康体适能水平(体脂成分、有氧耐力、肌肉力量、耐力、柔韧素质)与心血管病症发生率和死亡率息息相关。体力活动有利于消耗体内能量,保持身体能量摄取与消耗的平衡,而周期性满足一定强度和时间要求的体力活动,可以打破这种平衡,达到减少体内脂肪的目的,从而可以减少肥胖发生的概率,提高青少年心血管机能水平,减少慢性疾病风险。

对于处在生长发育水平的青少年来说,体力活动的价值不仅仅体现在增进身体的健康,还体现在人力资本的方方面面。人力资本模型更综合、系统地刻画了体力活动对人和社会的价值及价值增值作用[4]。人力资本是与物质资本相对应的概念,指通过投资活动而在人自身中形成的各种生产知识和技能的存量总和,是一种能够带来剩余价值的价值,具有增值性。从基本形态上,可以把人力资本划分为个体能力资本、健康资本、情感资本、社会资本、智力资本、金融资本等6个方面。体力活动的价值及增值作用体现在对人力资本6个方面的促进作用上。

① 积累个体能力资本。儿童时期是体力活动参与和发展的关键时期,儿童通过多样化的运动参与,获得了对于其一生颇为重要的走、跑、跳、投、攀爬等基本能力,为青少年时期进一步发展专项运动素质和学习专项技能打下了良好的基础。青少年时期,通过体育教育、运动训练、运动竞赛等各项培训和锻炼活动,其运动知识、运动认知水平得到较大提高的同时,力量、柔韧性、耐力、灵敏性、速度等基本素质和专项素质也得到较快发展,各种专项运动技能也得到全面发展

---

[1] Amanda Friend, Leone Craig, Steve Turner. The prevalence of metabolic syndrome in children: a systematic review of the literature[J]. Metabolic Syndrome and Related Disorders, 2013, 11(2): 71-80.

[2] 于冬梅,赵丽云,马冠生,等. 7~17岁超重肥胖儿童青少年代谢综合征流行现况[J]. 卫生研究, 2012, 41(3): 410-413.

[3] M. Fogelholm. Physical activity, fitness and fatness: relations to mortality, morbidity and disease risk factors: a systematic review[J]. Obesity Reviews, 2010, 11(3): 202-221.

[4] Richard Bailey, Charles Hillman, Shawn Arent, et al. Physical activity: an underestimated investment in human capital? [J]. Journal of Physical Activity & Health, 2013, 10(3): 289-308.

和提高。成年以后,运动已经成为他们生活的组成部分,不仅有利于维持他们基本的身体功能水平,而且对工作、学习、社会能力等方面也有着重要的影响。

② 提高健康资本水平。首先,体力活动总能够带来一定的能量消耗,每天消耗的能量与摄入的能量维持平衡或超过摄入量,就不会产生脂肪的堆积或有利于减少体内的脂肪,达到减肥的效果,降低代谢综合征发病风险。其次,长期坚持一定强度的体力活动有利于提高参与者心肺功能及其他器官系统的功能水平,可以有效降低心血管慢性疾病发病的风险。最后,儿童青少年时期养成的健康的体力活动行为习惯有利于保持到成年,促进个体健康资本的提高。

③ 促进情感资本的提高。情感资本包括个体的心理发展水平、品行、道德水准以及生活态度等。

培养运动情感,缓解精神压力。一方面,多种形式的体育运动本身设计具有游戏色彩,吸引着不同年龄人群广泛地参与,从而培养了参与者的运动认知和情感;另一方面,心理学家认为,适度负荷的体育锻炼,在生理上能够促进人体释放一种多肽物质——内啡肽,它能使人们获得愉快、兴奋的情绪体验。因此,参加体育锻炼,尤其是参加那些自己喜爱和擅长的体育锻炼,可以使人从中得到乐趣,振奋精神,从而产生良好的情绪状态。无论是儿童青少年,还是成年人,面临复杂多变的社会环境和个体环境,常常会产生紧张、压抑、忧虑等不良情绪反应,参加体育锻炼可以使个体从烦恼和痛苦中摆脱出来,降低应激水平,使处理应激情况的能力增强。麦克曼(Mclnman)等人的研究表明,经常参加身体锻炼者的焦虑、抑郁、紧张和心理紊乱等消极的心理变量水平明显低于不参加身体锻炼者,而愉快等积极的心理变量水平则明显要高一些[①]。

培养意志。参与体育锻炼者要获得锻炼效果(比如技能提高、素质增强等),不仅要不断克服外界环境的变化、运动本身动作难度的要求、外部障碍等困难,而且要克服自身畏惧、疲劳和运动损伤所带来的主观困难。所以在参与运动的过程中,人们逐渐培养了自身良好的意志品质。参与的运动任务越困难,对个体的意志锻炼的作用越大,而良好的意志品质对于取得良好的锻炼效果更具有重要的意义。

增强自我概念。长期坚持参与不同形式的体力活动可以促使人体格强壮、

---

① 余雷,黄万琪,郭利,等. 高校教师健康状况及影响因素分析[J]. 中国公共卫生,2012(9):1185-1187.

精力充沛,有利于改善人对自身的身体表象和身体自尊的认知水平,完善个体主观上对自己身体外貌、思想、情感、抵御疾病能力和健康状况等的整体评价。身体表象和身体自尊与整体自我概念有关,无论是男性还是女性,对身体表象的不满意会使其身体自尊变低,并产生不安全感和抑郁症状。众多研究表明,经常参与体育锻炼者比不参与锻炼者具有更积极的整体自我概念;体能强的人比体能弱的人倾向于具有更高水平的自我概念和身体概念;肌肉力量与身体自尊、情绪稳定性、外向性格和自信心呈正相关,并且加强力量训练会使个体的自我概念显著增强[①]。因此,更积极的自尊心、更高水平的身体概念和自我概念与高水平的体能状况相关。

④ 增强人力社会资本。社会资本是指个体或团体之间的关联——社会网络、互惠性规范和由此产生的信任,是人们在社会结构中所处的位置给他们带来的资源。

参与体育锻炼能够有效地增进情感交流,拓展人际交往。现代社会生活节奏的加快使人们越来越趋向封闭的状态,从而造成人与人之间感情交流缺乏,人际关系疏远。体育锻炼则打破了这种封闭状态,让不同职业、年龄、性别、文化素质的人相聚在运动场上,进行平等、友好、和谐的交往,使人们互相之间产生信任感,有效进行情感和信息的交流,互相之间产生一种默契和交融,增强了自身的人际关系水平。

参加运动竞赛,有利于增强规则意识、竞争与合作意识。运动本身具有游戏之意,每项运动都有其运动竞赛规则,要求每位参与者必须遵守规则。一些团体性运动竞赛项目,比如足球、篮球、排球等,除了具体的比赛规则要求以外,每位参与者还具有不同的角色,所以在比赛过程中,团队成员之间只有彼此信任、相互协作,充分发挥每位参与者的功能,才能达到最佳运动效果。经常参与运动竞赛,不仅培养了参与者的规则意识,而且增强了其自身的团队协作能力和处理人际关系的能力。

⑤ 促进智力资本发展。体育锻炼能够促进大脑发育。经常参加体育锻炼,有利于提高人体有氧代谢水平,不仅可以为大脑运动提供充足的物质基础,而且有利于儿童青少年脑细胞再生,增加脑的重量和大脑皮质的厚度以及脑神经细胞的树突。

---

① 杨育同,冯玉华,郭文娟,等.基于流行病学调查的山西省高校教师亚健康状态分析[J].中华中医药杂志,2012(7):1815-1818.

提高脑细胞反应速度。体育运动可以使大脑获得营养和氧气,有助于提高思维力和记忆力。人体唯一管理思考和记忆的机器就是大脑,它是人体总管家。体育运动可以提高脑细胞的反应速度,有利于发挥大脑的潜能,特别是记忆力,它是与大脑皮层各部分建立暂时性联系的多寡与完备程度密切相关的。经常参加体育运动的人,视觉、听觉等感觉器官都比较敏锐,大脑神经细胞反应速度较快,大脑皮层的分析、综合能力也较强。国外学者指出,测定一个人脑细胞的反应速度,就可以看出他的思考速度和智力。

提高认知水平,促进学习。大量研究表明,体力活动水平高的学生与体力活动不足的学生相比,其学业成绩平均表现较为突出,两者存在正相关关系。

⑥ 金融资本。有规律地参加体力活动,把运动融入生活中,养成良好的生活方式,对于增进个体健康有着重要的作用。拥有健康的体魄,儿童青少年时期不容易生病,减少缺课次数,有利于学习成绩提高;到了成年时期,工作中减少因病请假次数和进医院看病次数,从而能增加自己的收入和减少看病支出的费用。同时,拥有健康的体魄,工作中的工作效率会大大提高,从而能提升自身的工作业绩,获得更多的收入。

2.1.7 青少年体力活动促进

促进体力活动水平提高是健康促进的核心内容。青少年体力活动促进就是要通过各种方式、方法和手段提高他们的体力活动水平,增强其体质,达到促进健康的目的。虽然在已有的研究文献中用到了"体力活动促进"(Physical Activity Promotion)这个词组,但它仍没有明确的定义。根据健康促进的概念[①],我们认为体力活动促进就是促使青少年维护和改善他们自身身体活动能力和水平、养成良好运动生活方式的过程。一方面要通过运动训练、培训等教育手段提高青少年体力活动意识,增强其参与各种运动的素质、技能和能力;另一方面要通过改善社会、家庭、社区的环境和经济条件,为他们提供尽可能多的运动机会和保障。所以体力活动促进是一项包括改善个体、社会和自然的综合性复杂工程,它不仅包括了干预个体体力活动行为,而且包括改善青少年利益相关者群体(学校、家庭、社区、媒体)以及制度、文化层面等环境因素。

---

① 傅华,李枫.现代健康促进理论与实践[M].上海:复旦大学出版社,2003.

2.1.8 青少年体力活动促进管理

青少年体力活动促进管理是由相关行政部门组织学校、家庭、社区和媒体等利益相关者群体,协调优化社会资源,通过实施一系列的体力活动促进项目,提高青少年体力活动水平的过程。由于在这个过程中,涉及不同层次的利益相关者群体,实施项目多样化,受到多系统、多层面因素影响,因此青少年的体力活动促进是一项复杂的系统工程,这也决定了管理工作的复杂性,从而为行政部门和学校开展相应的工作带来严峻的挑战。单纯依赖政府指令,学校独立执行相关政策方针,远远不能解决目前所面临的青少年体力活动水平下降这一复杂问题,必须由政府作为管理领导主体,组织协调一切可能的社会资源,围绕青少年生活环境、运动能力、营养与卫生等方面,设计开发青少年体力活动促进项目,并依托于学校、家庭、社区和媒体,协同开展此项工作。

2.2 国内外青少年体力活动现状研究

随着工业革命和技术进步,人类大量的日常手工操作的任务被新机器、新技术所代替,新技术的应用蚕食着人类体力活动。技术进步给人类带来生活便利和更多益处的同时,也逐渐成为人类体力活动不足的主要源头。比如汽车、火车、电动自行车等现代交通工具代替了步行和自行车出行,洗碗机等家用电器代替了手工家务;电视机、电子娱乐设备等占据着人类空闲时间。人类静坐的机会远远大于站立和行走的机会,而且这种静坐少动的生活方式正在形成,在全世界蔓延开来,给人类的健康带来严重的威胁。2009年,体力活动不足被定为人类非传染性疾病的第四大风险因素,全球300多万人死于体力活动不足,由体力活动不足带来的非传染性疾病花费成为社会进步的重要负担[1]。所以,准确测量和评价体力活动水平,制订有效的体力活动促进方案,促进国民体力活动水平提高成为每个国家健康促进中的重要内容。

然而,较为准确客观地测量和评价体力活动水平比较困难,特别是10年以前,国际上没有统一的测量标准和工具,进行国际比较和标准应用几乎不可能。随着体力活动研究的不断深入,国际体力活动量表、不同人群体力活动水平标准

---

① Geneva. Global health risks: mortality and burden of disease attributable to selected major risks[R]. World Health Organization, 2009.

以及客观测量体力活动的方法逐渐成为全球性体力活动研究的重要工具,大范围的体力活动调查研究较为准确地描述了不同人群体力活动水平的变化[①②]。从全球的体力活动不足流行性趋势来看,全世界15岁以上人群中,31.1%未达到体力活动标准的要求,东南亚国家这个比例大概是17.0%,而美洲和中东国家达到43%;随着年龄增长,体力活动水平逐渐下降;女性未达到标准的比例高于男性;收入水平越高的国家,体力活动不足流行趋势越明显。在13~15岁的青少年人群中,达不到每天60分钟中高强度体力活动标准的比例占80.3%,男孩的比例小于女孩。不同国家15岁以上成人及13~15岁青少年体力活动不足人群频率分布见图2-2[③]。从图2-2(下)中可看出青少年体力活动不足的全球流行趋势非常明显,参与调查的各个国家,男孩和女孩的体力活动不足的频率几乎都达到了60%以上水平。

来自40个欧洲和北美国家的13~15岁青少年静坐行为调查显示,66%的男孩和68%的女孩每天有2个小时以上的看电视时间。Guthold与他的团队运用GSHS的34个国家的调查数据,研究得出,一半以上国家,三分之一学生每天静坐行为达到3个小时以上[④]。洪茯园对上海部分中学生(11~18岁)体力活动与静坐行为的调查得出,上海60%以上的中学生平均每天体力活动时间达到"每天活动一小时"的要求,每天男、女生能量消耗分别处于302.9~457.8千卡之间和253.1~381.8千卡之间,相对高强度的体力活动时间较少。学生每天做作业和上课的时间占全天工作时间的72.8%[⑤]。马冠生对北

---

① Michael L. Booth, Barbara E. Ainsworth, Michael Pratt, et al. International physical activity questionnaire: 12-country reliability and validity[J]. Medicine & Science in Sports & Exercise, 2003, 35(8): 1381.

② Fiona C. Bull, Tahlia S. Maslin, Timothy Armstrong. Global physical activity questionnaire (GPAQ): nine country reliability and validity study[J]. Journal of Physical Activity & Health, 2009, 6(6): 790.

③ Pedro C. Hallal, Lars Bo Andersen, Fiona C. Bull, et al. Global physical activity levels: surveillance progress, pitfalls, and prospects[J]. The Lancet, 2012, 380(9838): 247-257.

④ Regina Guthold, Melanie J. Cowan, Christine S. Autenrieth, et al. Physical activity and sedentary behavior among schoolchildren: a 34-country comparison[J]. Journal of Pediatrics, 2010, 157(1): 43-49.

⑤ 洪茯园. 上海市部分中学生体力活动和静态生活现状调查及影响因素的研究[D]. 上海:上海体育学院,2010.

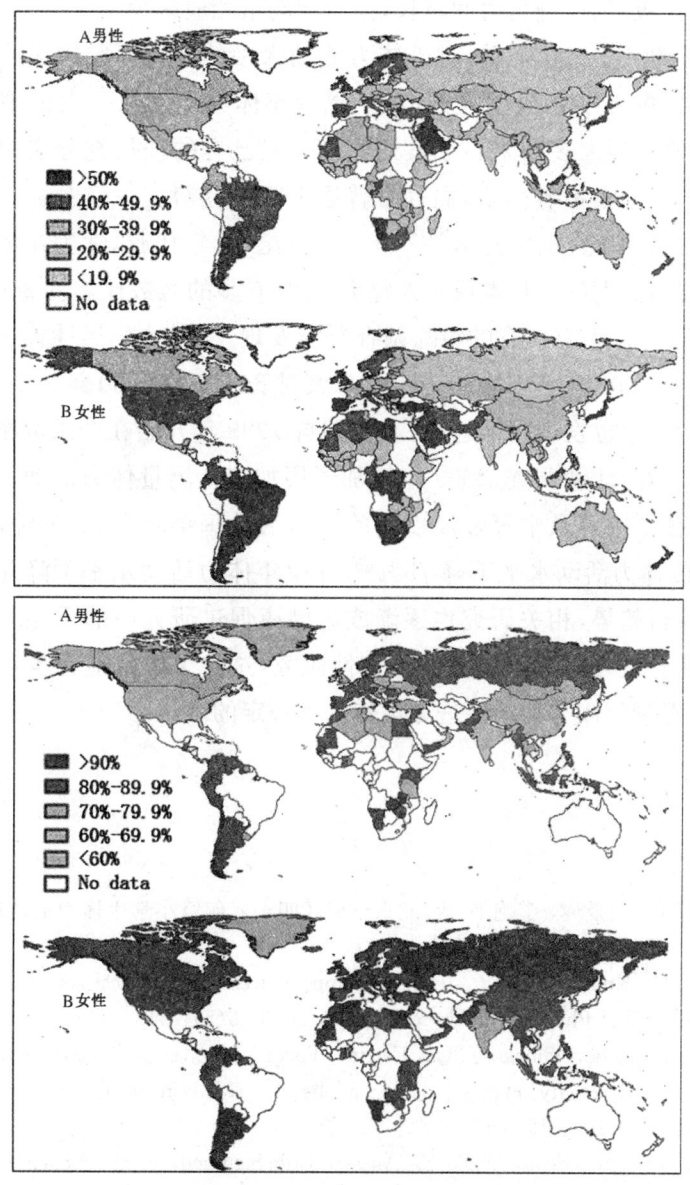

图 2-2 15岁以上成人体力活动不足人群频率分布图(上)
13~15岁青少年体力活动不足人群频率分布图(下)

京城区4~6年级学生的调查表明,男、女生每天参加业余体力活动的时间分别为1.30小时和1.11小时。男、女生每天能量消耗分别为42.17千焦/千克和35.53千焦/千克,按男生平均40千克、女生38千克的体重计算,总能量消耗分别为403.15千卡和322.69千卡。男、女生静坐时间分别为2小时和

1.79小时,年级越高,静坐时间越长,体力活动量相应减少[①]。

从已有的研究文献来看,对于体力活动水平的调查研究大多来自于最近的研究成果,多集中在成年人群,对于青少年体力活动水平大范围的调查较少,而且这些研究大多数来自于发达国家。但已有的证据充分表明了青少年体力活动水平确实不容乐观,而且有普遍下降的趋势。一篇对5个高收入国家学生体力活动研究的综述表明[②],自20世纪90年代起,学生在体育课上的活动量已经明显下降。日本成年人每天10 000步的人数比例从2000至2007年下降了5%[③]。来自捷克的跟踪调查研究发现14~18岁男性青少年体力活动从1998至2000年呈下降趋势[④],加拿大对8~16岁2000年至2006年体力活动数据的研究也发现同样趋势[⑤]。美国自1999年开始在全国健康和营养调查中增加了体力活动调查,2003年增加了用加速计测量体力活动。美国9岁至15岁的孩子中等及中等强度以上的体力活动每年减少38分钟,从9岁到15岁孩子的体力活动水平下降75%[⑥],青少年体力活动水平下降几乎成为不可遏制的流行趋势,相关研究也逐渐成为健康促进研究中的重点问题,然而,我国目前比较缺乏大范围调查的描述性研究,这给了解目前青少年体力活动水平、制订青少年体力活动促进方案带来了一定的困难。

[①] 马冠生,刘爱玲,李艳平,等.北京市城区四~六年级小学生体力活动现状[J].中国学校卫生,2003,24(4):307-309.

[②] Alan G. Knuth, Pedro C. Hallal. Temporal trends in physical activity: a systematic review[J]. Journal of Physical Activity & Health, 2009, 6(5):548-559.

[③] Shigeru Inoue, Yumiko Ohya, Catrine Tudor-Locke, et al. Time trends for step-determined physical activity among Japanese adults[J]. Medicine and Science in Sports and Exercise, 2011, 43(10):1913-1919.

[④] Dagmar Sigmundová, Walid E. Ansari, Erik Sigmund, et al. Secular trends: a ten-year comparison of the amount and type of physical activity and inactivity of random samples of adolescents in the Czech Republic[J]. BMC Public Health, 2011, 11(1):731.

[⑤] Angela M. Thompson, Tara-Leigh Mchugh, Christopher M. Blanchard, et al. Physical activity of children and youth in Nova Scotia from 2001/02 and 2005/06[J]. Preventive Medicine, 2009, 49(5):407-409.

[⑥] Philip R. Nader, Robert H. Bradley, Renate M. Houts, et al. Moderate-to-vigorous physical activity from ages 9 to 15 years[J]. JAMA: the Journal of the American Medical Association, 2008, 300(3):295-305.

2.3 青少年体力活动影响因素及促进研究综述

目前和过去相当长时间内,青少年体力活动促进研究都是学校健康促进研究的重中之重。已有的研究主要围绕青少年体力活动影响因素以及如何有效促进青少年体力活动等问题进行。

20世纪90年代以来,越来越多的科学证据表明有规律坚持中等强度以上的体力活动,可以显著降低多种慢性疾病风险,但这并不足以改变一个人习以为常的体力活动行为。体力活动行为的改变和维持是一个复杂的行为过程,受到个体生理因素、心理因素、个体间因素以及环境因素等多方面综合影响和制约。研究如何进行体力活动促进更是一个复杂的系统工程。行为科学、心理学、社会科学理论的发展为体力活动促进研究提供了理论支撑,在这些理论基础上,体力活动行为影响因素得到了较系统全面的阐释,从而为进一步构建有效体力活动促进模式提供了依据。

2.3.1 国外有关青少年体力活动影响因素及促进研究综述

(1) 青少年体力活动影响因素研究综述

20世纪90年代以来,随着青少年肥胖率增加及体力活动水平的下降,国际上青少年体力活动的促进得到广泛重视,早期的研究主要是分析影响体力活动行为的因素,探讨影响因素与体力活动行为之间的关系。在健康信念模式、阶段变化理论、自我效能理论等个体水平行为改变理论的支持下,体力活动相关因素研究取得了相当丰硕的研究成果。Sallis等学者研究综述了1999年以前儿童青少年体力活动相关因素的研究文献108篇,涉及与青少年体力活动相关的因素48个,其中性别、种族、年龄、感知体力活动能力、动机、压力、过去体力活动情况、社区体育竞赛、放学后及周末静坐行为、父母支持、其他社会支持、兄弟姐妹体力活动、父母帮助、体育锻炼的机会等变量与体力活动有着一致的相关性[1]。Horst等学者综述了自1999年到2005年60篇有关青少年体力活动的研究,显示与体力活动相关的变量为性别、父母的教育程度、态度、自我效能、目标或动机、学校

---

[1] J. F. Sallis, J. J. Prochaska, W. C. Taylor. A review of correlates of physical activity of children and adolescents[J]. Medicine and Science in Sports and Exercise, 2000, 32 (5): 963-975.

体育、家庭影响以及朋友支持等①。

从以上两个研究综述中不难看出,不同学者基于不同的理论视角,分析探讨体力活动相关因素具有一定的差异性。以计划行为理论以及个体行为改变理论为基础的研究重点考察个体相关因素对体力活动行为的影响,比如 Deforche 在研究青少年体力活动行为时,探索了社会心理学因素对体力活动的影响,如感知的体力活动益处、感知的体力活动障碍、体力活动自我效能等②。Motl 等学者在分析个体社会认知因素和体力活动水平关系的基础上,进一步建立了个体社会认知水平测量量表,分别从态度、个体信念、价值观、感知行为控制以及自我效能多个方面进行社会认知因素测量③,为进一步探索这些因素与体力活动之间的关系提供了依据。

以环境决定论、社会认知理论为基础的研究更注重体力活动的环境因素的考量④。Davison 和 Lawson 针对体力活动相关的环境的研究进行了综述,研究结果揭示了无论是感知的还是客观测量的物理环境因素,都一致性地与青少年体力活动水平相关⑤。Lévesque 等学者在分析学校环境对学生体力活动影响的基础上,进一步设计了学校体育环境评估量表,从学校物理环境(体育设备、体育设施等)和社会环境(教师的鼓励、体育课程设置等)评估影响学生体力活动的环境因素⑥。Prochaska 等学者专门研究了父母和同伴(朋友)的支持与自身体力活

---

① Der Horst K. Van, M. J. Paw, J. W. Twisk, et al. A brief review on correlates of physical activity and sedentariness in youth[J]. Medicine and Science in Sports and Exercise, 2007, 39(8): 1241-1250.

② B. Deforche, I. De Bourdeaudhuij, A. Tanghe, et al. Changes in physical activity and psychosocial determinants of physical activity in children and adolescents treated for obesity [J]. Patient Education and Counseling, 2004, 55(3): 407-415.

③ R. W. Motl, R. K. Dishman, S. G. Trost, et al. Factorial validity and invariance of questionnaires measuring social-cognitive determinants of physical activity among adolescent girls[J]. Preventive Medicine, 2000, 31(5): 584-594.

④ A. Bandura. Human agency in social cognitive theory[J]. American Psychologist, 1989, 44(9): 1175-1184.

⑤ K. K. Davison, C. T. Lawson. Do attributes in the physical environment influence children's physical activity? A review of the literature[J]. International Journal of Behavioral Nutrition & Physical Activity, 2006, 3(1): 19.

⑥ Jennifer Robertson-Wilson, Lucie Lévesque, Ronald R. Holden. Development of a questionnaire assessing school physical activity environment[J]. Measurement in Physical Education & Exercise Science, 2007, 11(2): 93-107.

动的关系,证明了朋友支持对体力活动的促进作用[①]。

社会生态系统模型在健康促进领域的应用与发展,使体力活动影响因素在更广泛意义上得到阐述,并越来越受到体力活动促进研究者的青睐。基于社会生态系统模型的观点,体力活动影响因素有如下特点:① 影响体力活动的因素是多维的,包括个体因素(心理、认知、情感、知识、价值观等)、社会文化因素(家庭、朋友、学校、社区、公共政策等)、物质环境因素(自然环境、天气、地理位置、居住环境、学校体育场地与设备等);② 多维因素之间具有交互作用,影响青少年体力活动行为的因素处于不断变化和相互影响的状态之中;③ 人是整个社会生态系统的一个组成元素,可以单独存在,也可以以家庭、学校、社区等形式存在于该生态系统中,所以环境对个体体力活动的影响是多层次的[②]。社会生态系统视域下对青少年体力活动行为影响因素的研究,遵循系统的普遍联系性和系统的层次性的观点,把人作为系统元素,研究人与人、人与自然以及人与社会等因素之间的关系,更有利于综合考虑因素与因素之间的作用机制。

社会生态系统模型早已应用于健康促进的研究中,McLeroy等学者建议从战略上考虑五个层面的干预因素,它们分别是个体因素、个体间因素、组织机构因素、社区因素和公共政策因素[③]。Emmons进一步细化了这一模型,并在此基础上构建了体力活动促进社会生态学模型(Social Ecological Model,SEM),详细阐述了"上行"的社会结构条件影响"下行"的体力活动行为的过程。政策因素处于模型的最远端,间接通过个体间因素和个体因素对体力活动行为产生影响,组织水平因素受到组织内外物理和社会环境的影响,对体力活动起着直接和间接的作用[④]。Langile 在 Emmons 的 SEM 模型的假设前提下,以实证方式探索分析了 SEM 中外层的政策变量能够通过组织水平因素对学生的体力活动产生

---

① J. J. Prochaska, M. W. Rodgers. J. F. Sallis. Association of parent and peer support with adolescent physical activity[J]. Research Quarterly for Exercise & Sport, 2002, 73(2): 206 - 210.

② 傅华,李枫. 现代健康促进理论与实践[M]. 上海:复旦大学出版社,2003.

③ K. R. Mcleroy, D. Bibeau, A. Steckler, K. Glanz. An ecological perspective on health promotion programs[J]. Health Education & Behavior, 1988, 15(4): 351 - 377.

④ K. Emmons. Health behaviours in a social context[M]. Oxford: Oxford University Press, 2000.

影响,但关键在于如何实施政策[1]。Welk 是运用社会生态系统理论研究青少年体力活动影响因素较早的学者,1999 年,他基于生态学理论框架,根据青少年生长发育的心理和行为特点初步构建了青少年体力活动促进概念模型[2]。该模型通过对青少年体力活动行为与环境诊断、教育与组织环境诊断以及管理和政策诊断的分析,较为系统全面地归纳了影响青少年体力活动行为的因素及相互关系,大致分为 3 类,分别为倾向因素、促成因素和强化因素。倾向因素是可能促进体力活动行为改变的先导因素,是产生体力活动行为变化的动机或愿望,其中包括拥有的相关知识、信念、价值观、态度、自信心以及自我效能;促成因素是指实现体力活动行为改变的条件和资源,包括个体的体适能、技能、设施可达性以及相关物理环境变量;强化因素是体力活动行为改变以后,对长期坚持有规律的科学的体力活动的奖励或一些激励因素,比如,父母的支持和参与、朋友的支持、教师的影响等。Tao Zhang 采用生态学观点,把影响青少年体力活动的因素分为个体因素(自我效能障碍)、社会环境(父母的支持、朋友的支持、教师的支持等)、物理环境(设备器材可得性、居住社区安全性等),研究它们与体力活动之间的关系[3],但并没有深入探讨因素之间的关系。

(2) 青少年体力活动促进研究综述

认识到青少年体力活动影响因素以后,更重要的是如何改善或改变这些因素,有效促进青少年体力活动水平提高。20 世纪 90 年代以前,对于体力活动促进的研究主要出现于健康促进的研究项目中,主要从个体因素(自我效能、兴趣、态度等)方面,实施促进学生体力活动的战略,对提高学生的体力水平有显著积极作用[4][5]。进入 21 世纪以来,随着体力活动影响因素研究的逐渐深入,针对青

---

[1] J. L. Langille, W. M. Rodgers. Exploring the influence of a social ecological model on school-based physical activity[J]. Health Education & Behavior, 2010, 37(6): 879-894.

[2] Gregory J. Welk. The youth physical activity promotion model: a conceptual bridge between theory and practice[J]. Quest, 1999, 51(1): 5.

[3] Tao Zhang, Melinda A. Solmon, Zan Gao, et al. Promoting school students' physical activity: a social ecological perspective[J]. Journal of Applied Sport Psychology, 2012, 24(1): 92-105.

[4] 余雷,黄万琪,郭利,等. 高校教师健康状况及影响因素分析[J]. 中国公共卫生, 2012(9): 1185-1187.

[5] 杨育同,冯玉华,郭文娟,等. 基于流行病学调查的山西省高校教师亚健康状态分析[J]. 中华中医药杂志, 2012(7): 1815-1818.

少年体力活动促进模型、青少年体力活动干预的研究越来越丰富,这些模型主要包括计划行为理论模型(Planned Behavior Theory Model)、体重控制环境研究框架(EnRG)、社会生态学模型(Social Ecological Model)等。

计划行为理论模型是最广泛应用于体力活动干预的一种动机模型,也比较适合解释体力活动行为的改变。该模型认为动机决定行为,动机决定于态度、信念、价值观以及可感知的行为控制因素[1],众多学者采用这种个体行为改变理论对青少年体力活动进行了大量干预研究,但结果并没有取得一致性[2]。也有些学者认为计划行为模型适合于解释成年人行为的变化[3],动机对成年人行为影响的效应用量达到30%,而对于青少年则少于10%[4]。所以针对青少年的体力活动的促进应该考虑更重要的其他干预变量。

仅仅考虑个体水平的变量解释、预测和行为改变是不够的,行为还受到环境的制约[5],很多理论也都论述了这一点,比如社会认知理论[6]、体重控制环境研究框架模型以及当前得到普遍认可和广泛应用的社会生态学模型(SEM)。

SEM模型不仅是分析体力活动影响因素的主要理论框架,而且也是体力活动促进理论的参考模型,它为分析影响体力活动的因素及相互作用机制提供了理论基础。在实际的体力活动促进应用研究中社会生态学理论框架表现出不同形式的社会生态学模型。Welk于1999年根据生态学理论构建了青少年的体力活动促进模型概念框架(YPAP)[7],为青少年体力活动促进理论和实

---

[1] Icek Ajzen. The theory of planned behavior[J]. Organizational Behavior and Human Decision Processes, 1991, 50(2): 179-211.

[2] Der Horst K. Van, M. J. Paw, J. W. Twisk, et al. A brief review on correlates of physical activity and sedentariness in youth[J]. Medicine and Science in Sports and Exercise, 2007, 39(8): 1241-1250.

[3] Gaston Godin, Gerjo Kok. The theory of planned behavior: a review of its applications to health-related behaviors[J]. American Journal of Health Promotion, 1996, 11(2): 87-98.

[4] Robert W. Motl, Rod K. Dishman, Dianne S. Ward, et al. Examining social-cognitive determinants of intention and physical activity among Black and White adolescent girls using structural equation modeling[J]. Health Psychology, 2002, 21(5): 459-467.

[5] Robertw Jeffery. How can health behavior theory be made more useful for intervention research?[J]. International Journal of Behavioral Nutrition and Physical Activity, 2004, 1(1): 10.

[6] 郭本禹,姜飞月. 自我效能理论及其应用[M]. 上海:上海教育出版社,2008.

[7] Gregory J. Welk. The youth physical activity promotion model: a conceptual bridge between theory and practice[J]. Quest, 1999, 51(1): 5-23.

践架起了桥梁,但它要真正用于体力活动促进实践,仍然需要大量的研究工作。Paxton、Trost 等一些学者采用问卷或量表方法验证 YPAP 模型中不同组成部分之间的关系及对体力活动的影响[1][2]。Rowe 等学者简化了 YPAP 模型,设计了相关因素测量量表,验证了 YPAP 具有较好的内部效度和可接受的外部效度[3]。这些后续的验证研究为将其进一步应用到体力活动促进实践中提供了决策参考。但 Spence 等学者分析认为,YPAP 模型并没有把政策变量考虑进去,对环境变量的分析并不确切,所以他们与其他学者在系统分析和构建体力活动环境变量的基础上,提出更为综合的体力活动生态学模型(EMPA)[4]。虽然 EMPA 模型几乎囊括了所有影响因素,并把它们有逻辑地联系在一起,对于体力活动促进实践具有较好的指导意义,但该模型设计更进一步给应用实践研究者增加了模型验证的困难,所以至今没有研究对其进行全面系统的有效性验证。

另外,国外针对青少年体力活动促进进行了很多实验研究,Perry 等学者在社会生态理论框架下,综合分析了 1997—2009 年的青少年体力活动促进(干预)的实践研究并得出结论,在进行干预的实践研究中,大多数研究的干预变量包括个体因素变量和环境变量,并阐明了采用社会生态视角的重要性,打破了单独依据个体变量进行体力活动促进的局限性[5]。同时,该综述还提出体力促进研究应该具有理论支撑,社会生态模型中各层因素之间的交互作用以及对青少年体力活动的作用机制应该是将来该领域研究的重点。

---

[1] R. J. Paxton, P. A. Estabrooks, D. Dzewaltowski. Attraction to physical activity mediates the relationship between perceived competence and physical activity in youth[J]. Research Quarterly for Exercise & Sport, 2004, 75(1): 107-111.

[2] S. G. Trost, R. Saunders, D. S. Ward. Determinants of physical activity in middle school children[J]. American Journal of Health Behavior, 2002, 26(2): 95-102.

[3] D. A. Rowe, T. D. Raedeke, L. D. Wiersma, et al. Investigating the youth physical activity promotion model: internal structure and external validity evidence for a potential measurement model[J]. Pediatric Exercise Science, 2007, 19(4): 420-435.

[4] John C. Spence, Rebecca E. Lee. Toward a comprehensive model of physical activity [J]. Psychology of Sport and Exercise, 2003, 4(1): 7-24.

[5] Cynthiak Perry, Hailey Garside, Sandra Morones, et al. Physical activity interventions for adolescents: an ecological perspective[J]. The Journal of Primary Prevention, 2012, 33(2-3): 111-135.

2.3.2 国内青少年体力活动相关研究综述

(1) 国内体力活动、体育锻炼或体育参与影响因素研究

国内青少年体力活动促进研究主要从青少年体育锻炼、体育参与和健康促进的角度进行。青少年体育锻炼对于青少年身体、心理和健康发展起着重要的作用,众多国内实证研究也都说明了这一点。但目前国内青少年体育锻炼缺乏、体质下降已经成为共识,究其原因,国办发〔2012〕53号文《国务院办公厅转发教育部等部门关于进一步加强学校体育工作若干意见的通知》指出,学校体育未能得到足够重视,评价机制不够完善,体育教师短缺,场地设施缺乏,影响和制约了学生体质健康水平的提升。当然,家庭、社区和个体的因素也起到重要的影响作用。宋逸等对2010年全国体质健康调研的结果表明,全国仅有22.7%的汉族中小学生平均每天体育锻炼1小时以上,9~12岁、13~15岁和16~18岁年龄段体育锻炼1小时以上的比率分别为32.7%、20.7%和12.5%,其主要原因是"怕累、怕吃苦"[①]。张绍礼等对沈阳学生体育锻炼情况及影响因素分析的结果显示,沈阳青少年长期坚持锻炼的人比较少,个体主观因素、家庭经济因素以及社会导向因素是青少年生活方式及体育锻炼行为的主要影响因素[②]。罗炯等对重庆市青少年的体育锻炼行为的研究确定了制约青少年体育锻炼行为的6个关键因子,它们分别是家庭经济压力、健身习惯和方法、健身兴趣及价值、学校体育政策、健身环境及指导以及课业压力,其中健身习惯和方法、健身环境及指导影响最大,健身兴趣及价值影响力最弱[③]。付道领的博士论文比较深入地研究分析了初中学生锻炼行为的影响因素及作用机制,分别从个体变量(锻炼效能、身体效能、价值判断、锻炼动机)、学校层面变量(体育课程、体育教师、学校条件、锻炼机会)、家庭支持(家长健身、家长支持、家里器材)三个层面分析了每类因素对初中学生体育锻炼产生的影响,然后又进一步采用结构方程模型分别探讨了各类因素对体育锻炼的影响机制。结果显示,影响学生锻炼的最大障碍来自学习或作

---

① 宋逸,张芯,杨土保,等. 2010年全国中小学生体育锻炼行为现状及原因分析[J]. 北京大学学报(医学版),2012,44(3):347-354.

② 张绍礼,宋学岷,门传胜,等. 辽宁省青少年生活方式和体育锻炼行为成因分析[J]. 沈阳体育学院学报,2011,30(3):106-110.

③ 罗炯,唐炎,彭莉,等. 重庆市青少年课外体育锻炼行为选择与制约因素的关系[J]. 体育学刊,2011,18(6):94-100.

业压力①。韩会君等学者采用生态系统理论对青少年体力锻炼和体育参与的影响因素进行了较为全面的分析,系统阐释了青少年的体育参与受到家庭、学校、社区、同伴群体的影响,而且这些因素之间存在着互动的关系,同时,社会变迁、经济的发展、文化背景以及制度的建立都起着至关重要的作用②。

在以"体力活动"与"青少年"或"学生"为关键词的主题搜索中,针对青少年体力活动的研究相对较少。陈林会等关于江苏省中小学生体力活动总量、体育课锻炼效果、课外活动、课余锻炼及双休日的问卷调查结果显示,江苏省中小学生每天参加体育锻炼的时间总体低于1小时的标准,尤其到了中学,学生锻炼更少,同时,他们从主观和客观两方面分析了影响和制约学生锻炼的因素③。洪茯园硕士论文对上海部分中学生体力活动进行了问卷调查,并分析了影响学生体力活动的因素分别是家庭和社会支持因素、家庭和环境因素、运动自我效能因素④。

国内青少年体力活动(包括体育锻炼或体育参与)的影响因素也都涉及社会生态学模型中所探讨的各层次因素,多数研究采用问卷(学生体质健康调研问卷)调查,获取学生对影响因素的认知和体力活动的粗略信息,在研究方法上采用比较分析两个变量之间关系的方法。只有付道领博士论文相对完整地研究了影响学生体育锻炼行为的因素,并深入研究了每层因素与因素之间的交互作用机制,对青少年体力活动行为研究具有一定的参考价值,但存在以下局限性:没有考虑政策变量的影响;没有系统地测量学生的体力活动;在分析体育锻炼或体育参与行为的影响因素时,没有考虑各层因素之间的交互作用,仍然就各层因素单独分析对体育锻炼的影响。

(2) 国内青少年体力活动促进研究

由于国内青少年体力活动影响与制约因素的研究缺乏系统性,因此也没有形成适合我国青少年体力活动促进的理论与模式,多数有关青少年体育锻炼的研究只针对部分影响因素,论述分析青少年体育活动促进的对策。虽然

---

① 付道领. 初中生体育锻炼行为的影响因素及作用机制研究[D]. 重庆:西南大学,2012.
② 韩会君,陈建华. 生态系统理论视域下青少年体育参与的影响因素分析[J]. 广州体育学院学报,2010,30(6):16-20.
③ 陈林会,邹玉玲,宋昱,等. 江苏省中小学生体力活动及影响因素研究[J]. 体育成人教育学刊,2011,27(4):92-94.
④ 洪茯园. 上海市部分中学生体力活动和静态生活现状调查及影响因素的研究[D]. 上海:上海体育学院,2010.

健康促进理论能够被应用到体力活动促进实践中,我国的很多地区也都建立了健康促进学校,进行了大量的健康促进实践,但健康促进工作仍处于健康教育阶段,缺乏体力活动促进的理论支撑,因而在实践上青少年的体力活动促进也显得无力。

2.3.3 国内外青少年体力活动促进管理研究

青少年体力活动水平影响因素的多层次性和多水平性,客观上要求促进体力活动要从个体和环境入手,采用科学有效的促进手段对青少年进行干预,以促进青少年体力活动水平得到提高。科学研究也表明,综合干预手段和方法更加具有长效性。但实施综合干预手段给管理者带来了一定的困难。这是由于干预的对象不仅包括青少年、学校教师、家长等管理的客体,而且涉及学校、家庭、社区硬件环境的改善和制度、政策、文化、价值观等体育软环境的变革。待设计、开发和实施的体力活动促进项目也必然是多样化的统一体,必须依赖于不同专业的专家和社会团体参与进来,以保证项目的科学性和实施的有效性。所以,管理者的难题表现在如何组织多层次、多样化的资源和协调不同的利益相关者之间的关系,共同提高青少年体力活动水平,提高管理的科学性和实效性。

关于青少年体力活动促进管理的研究并不多见,由于体力活动促进是健康促进的核心内容,因此更多研究包含在健康促进的研究中。健康促进是促使人们维护和改善他们自身健康的过程[①]。作为公共卫生领域的观念,它是解决公共健康领域问题的主要途径,是高效率的卫生干预策略和措施,并在长期的实践过程中,逐渐形成了较为丰富的健康促进理论,从而为青少年体力活动促进实践提供了强有力的支持。学校健康促进的工作对象是青少年群体,鉴于这一群体有着鲜明的人群特点,所以在遵循基本健康促进理论的基础上,学校健康促进也应有其独特的规律性。

健康促进在学校的推行始于1992年的欧洲,1995年推行至西太平洋国家,学校的健康教育提高到了一个新阶段,在此背景下,我国义务教育阶段学校健康教育模式研究课题组提出了"学校健康促进有效模式"[②],以开展学校健康促进、优先干预项目为特征,并吸纳青少年家长和教师为干预对象,着力创建以家庭和学校作为支持环境的学校健康教育。学校、家庭、社区三位一体化共同干预青少

---

① 傅华,李枫. 现代健康促进理论与实践[M]. 上海:复旦大学出版社,2003.
② 尚大光. 有效学校健康促进模式[M]. 北京:北京体育大学出版社,2001.

年体质健康的理论模式也逐渐形成,并得到了社会认可。李凌等学者针对青少年的健康促进模式指出,家庭是青少年健康促进的保障,学校是健康促进的基础,社区是健康促进的纽带[①]。张瑛秋等学者在对青春发育突增期的青少年进行生物、心理、社会三个层面相关影响因素测量的基础上,提出处于青春发育突增期的不同发育类型的青少年健康促进模式,旨在建立多维的体质健康支持环境,提供多主体参与服务的学校健康教育[②]。我国健康促进学校体系的建立和评价机制的完善也为进一步开展青少年体质健康促进工作打下了坚实的基础。

学校健康促进逐步推行的同时,健康促进管理问题也逐步凸显出来,学校管理和发展模式有待进一步完善[③]。邓宏伟等学者在对比国外和我国健康教育管理模式的基础上认为,我国的学校健康促进存在着筹资渠道不够宽广、评价标准体系难以建立、管理机构组织单一、参与人员专业素质较低等问题,进而提出完善学校健康教育管理必须要动员社会力量参与进来,政府、民间组织、媒体相结合,充分发挥健康教育管理网络作用的建议[④]。王东旭等学者也指出我国健康教育与健康促进发展存在着管理体制不规范、组织机构混乱、专业队伍不配套、专项经费不到位的问题,并针对这些问题提出了相应建议[⑤]。岳保柱对我国青少年体质健康促进的服务体系进行了初步的探析,从管理体系、实施体系、监督体系和评价体系四个方面进行了较为详细的探讨[⑥]。已有的相关研究为青少年健康促进制订管理策略、选择管理内容和方法提供了有益的参考,但相关研究主要集中于公共健康领域,学校健康促进的管理理念仍沿袭了健康教育的管理理念,缺乏青少年体力活动促进管理研究的内容。

---

① 李凌,李俊. 构建青少年健康促进的有效模式[J]. 教学与管理:理论版,2007,(27):35-36.

② 张瑛秋,孔垂辉. 青春发育突增期不同发育类型学生健康促进模式的实施方案[J]. 北京体育大学学报,2005,28(12):348-351.

③ 董翠香,朱美珍,季浏. 发达国家学校体育发展方式及其对我国的启示[J]. 体育学刊,2012,19(4):75-76.

④ 邓宏伟,刘玉琦. 关于我国健康教育管理模式的探讨[J]. 健康教育与健康促进,2007,2(4):61-62.

⑤ 王东旭,常春. 我国健康教育与健康促进现状分析[J]. 医学与社会,2009,22(3):25-26.

⑥ 岳保柱. 构建我国青少年体质健康促进服务体系的若干思考[J]. 西安体育学院学报,2011,28(4):453-457.

2.3.4 总结

通过分析国内外青少年体力活动促进的研究成果可以看出,无论是青少年体力活动促进理论研究还是实践研究,社会生态系统理论框架都成为该类研究的重要理论支撑。在这种理论框架下,青少年体力活动的影响因素得到较为系统的认识和普遍认可,多个青少年的体力活动促进生态学模型的构建在一定程度上为实践提供了科学依据和理论支持,特别是对于我国的青少年体力活动促进研究和实践具有较高的参考价值。但青少年体力活动促进理论和实践研究仍然需要做大量的工作。

其一,体力活动不同层次、同一层次影响因素之间的交互作用以及对青少年体力活动的制约机制并没有得到系统的论述和有效验证,这也是制约国内青少年体力活动促进研究的主要原因。

其二,不同国家的青少年处于不同教育、家庭、社会和文化环境中,青少年体力活动受到这些环境因素的影响也不尽相同,表现为青少年体力活动行为也具有一定的差异性。

其三,已有的青少年体力活动促进模式主要是建立多因素的结构关系,在实践研究上表现为多因素的干预实验,缺乏实施过程中如何进行管理的内容,所以分析制约我国青少年体力活动水平下降的影响因素,确定青少年体力活动促进的管理组织结构、管理方法和管理过程,并把管理内容融入干预因素的结构模式中,是在理论和实践上迫切要解决的问题。这些问题得不到解决,必然会影响我国青少年体力活动促进的实践。

2.4 青少年体力活动促进研究的理论基础

基于体力活动行为对健康的重要性,体力活动相关研究自20世纪90年代以来越来越受到重视,借助于行为科学和社会科学理论,体力活动影响因素及制约机制得到了较好的阐释,从而也构建了一系列体力活动促进模式。这些理论包括个体水平行为改变理论、人际水平行为改变理论、系统理论及社会生态系统理论等。

2.4.1 个体水平行为改变理论

任何行为的干预对象都是由个体组成的,所以,个体水平的行为改变是健康促进理论、研究和实施的基本单位。传统意义上,行为科学和社会科学都趋向于识别、研究个体因素对体力活动的影响,所以在体力活动促进研究中,个体水平改变理论的应用占据主要地位,比如,健康信念模式、阶段变化理论、自我效能理论等。健康信念模式是由霍克巴姆(Hochbaum)于1958年研究人的健康行为与其健康信念之间的关系后提出的[1],后经贝克(Becker)等社会心理学家的修订逐步得到完善。该模式综合应用了社会心理学理论中的刺激理论、认知理论和价值期望理论等,是目前用以解释和干预健康相关行为的重要理论模式[2][3]。从该理论内容分析得出,导致体力活动行为改变的心理活动受到以下几个方面的影响,即知觉到易感性(知觉到自己有可能成为体力活动不足的受害者)、知觉到严重性(知觉到体力活动不足给健康带来的危害)、知觉到效益(行为效果期望)、知觉到障碍(对改变体力活动行为可能遇到的障碍有心理准备,且认为有办法克服)、知觉到自我效能(具有自信心,感到自己有能力实施体力活动行为)。在健康信念模式的解释下,体力活动行为改变与个体对体力活动价值及自我效能的认知有密切的关系。

阶段变化理论来自于Prochaska和Diclemente关于戒烟者在治疗中行为变化过程的研究结果,其描述和解释了最常见的行为变化的各个阶段以及每个阶段中主要的变化过程[4]。该理论认为人的行为变化是一个过程而不是一个单一事件,而且在这个过程中,处于行为变化不同阶段的个体具有不同的需求和动机,该模式证明了行为的改变必须经过"没有准备阶段、犹豫不决阶段、准备阶段、行动阶段、维持阶段等一系列过程"。对于体力活动行为来说,五个阶段被定义为[5]:不经常活动且不想改变现状(不想改变);不参与体力活动但想改变现状(想改变);开始参加体力活动,但未能达到体力活动标准的要求;能够参与足够

---

[1] Godfrey Martin Hochbaum. Public participation in medical screening programs: a socio-psychological study(Public Health Service, PHS Publication 572)[M]. Washington, D. C.: US Government Printing Office, 1958.

[2] Marshall H. Becker. The health belief model and personal health behavior[J]. Health Education Monographs. 1974, 2(4): 287-312.

[3] M. H. Becker. The health belief model and personal health behavior[J]. Health Education Monographs, 1974, 2(1): 324-329.

[4] James O. Prochaska, Carlo C. Diclemente. Stages and processes of self-change of smoking: toward an integrative model of change[J]. Journal of Consulting and Clinical Psychology, 1983, 51(3): 390.

[5] Bess H. Marcus, Leighann H. Forsyth. Motivating people to be physically active [M]. Champaign: Human Kinetics, 2009.

的体力活动,达到标准的要求,但没能坚持6个月以上;能够坚持6个月以上参与体力活动,且达到标准要求。这五个阶段是一个非线性周期循环的过程,也可能不是一个连续的过程。

自我效能理论认为个体对自己有能力完成某行为并达到预期的结果的自信心(自我效能)的有无,是决定人们能否产生行为动机和产生行为的一个重要因素。自我效能通过以下4个方面影响个体行为的改变:对行为的选择以及对执行行为情境的选择,改变执行行为的努力程度,坚持某一行为的持续时间,克服不良情绪。

健康信念模式从诱发行为因素着手改变个体行为;阶段变化理论把个体行为的变化看作一个动态变化的过程,从每个阶段个体需求和动机角度改变个体行为;自我效能理论把个体对行为改变的预期结果的自信心作为决定改变个体行为的一个重要因素,但不是唯一因素,所以它需要与其他行为改变理论相结合,才能提高其在体力活动促进中的应用价值。

2.4.2 人际水平行为改变理论

个体水平行为改变理论在实际应用过程中受到阻碍,仅仅依靠个体水平的途径改变行为,效果并不理想。个体受到组织、环境的影响,个体行为是个人、社会和环境共同决定的结果,改变个体行为,必须同时对其所处的环境以及接触到的人、事、物进行干预。社会学习理论以及社会认知理论对于人际水平上的体力活动行为问题的解释及干预有着重要的作用。

传统的社会学习理论是早期体力活动行为研究的重要理论基础,它对于行为的解释坚持一元单向决定论,在这种因果模式中,"行为要么被认为是由个人内在的倾向性所决定和控制,要么被认为是由外界环境因素所决定和控制"[1]。以这种一元单向决定论因果模式理解体力活动行为,并不能揭示出体力活动行为以及与其有因果关系的因素之间的本质关系,在解释体力活动行为的复杂性和易变性上也无能为力。

班杜拉(Bandura)突破传统社会学习的理论,提出了三元交互决定理论[2],他

---

[1] Albert Bandura. Regulation of cognitive processes through perceived self-efficacy[J]. Developmental Psychology, 1989, 25(5): 729.

[2] Albert Bandura. Social foundations of thought and action[J]. Journal of Applied Psychology, 1986, 12(1): 169.

认为人的个体因素、行为因素以及环境因素是相对独立的,同时又相互作用、互为因果。但这三个因素并不具有同等的影响力,其相互作用的模式在不同情境中,对于不同的个体,在不同的行为活动中,表现出不同形式;当某些情境因素对行为具有强大的限定作用时,环境因素凸显为主要决定因素;而当环境的限定作用比较弱时,个体因素就凸显为主要决定因素。

2.4.3 社区水平健康促进理论

青少年体力活动促进是健康促进中的重要内容,必须依赖于一定的组织,通过一系列的项目实施过程,达到促进的目的。体力活动的干预对象不仅仅是青少年,更多的是通过对与青少年有直接和间接关系的利益群体和组织的干预,达到促进青少年体力活动的目的。所以,在管理上要以学校为中心,广泛协调社会、家庭和社区资源,通过不同层次水平的因素的干预,为青少年提供更多参与体力活动的机会和保障,从而为改善青少年体力活动行为服务。在客观上要求建立健全青少年体力活动促进组织体系,不断增强组织设计、开发和实施体力活动促进项目的能力。组织改变理论、组织创新扩散理论对于体力活动组织及建设,促进组织阶段性变化具有重要的意义。

青少年体力活动促进组织帮助学校、家庭和社区确定青少年体力活动问题和干预目标,动员社会资源,计划、组织、实施体力活动促进项目,实现青少年体力活动水平的提高。从静态上,表现为不同层级体育教育行政机构领导、学校领导以及相关专家按一定的结构组织起来的群体;从动态上,表现为体力活动促进实施的过程,包括计划、组织、监控、评价等管理过程。青少年体力活动促进组织及组织变化的理论基础包括以下几个社区组织和建设的理论要点[①]。

(1) 增权(Empowerment)

增权是社区组织实践的中心原则,Rappapon 将其定义为"个人、社区和组织获得对其生活掌握的过程"[②]。社区实践中在两个层面上发生作用:第一个层面是个体层面的增权,指的是使参与的个体可以体验到越来越多的社会支持,个体健康促进能力得到提高;第二个层面是组织社区层面的增权,主要是指社区或集体解决问题的能力得到增强。

---

① 傅华,李枫. 现代健康促进理论与实践[M]. 上海:复旦大学出版社,2003.
② Julian Rappapon. Studies in empowerment: introduction to the issue[J]. Prevention in Human Services, 1984, 3(2-3): 1-7.

(2) 社区能力

社区能力是一系列动态的且可以促进社区建设和改善社区健康的社区特点、资源和它们的组合形式。它包括结构性网络和培养维持这个网络的过程,同时,通过社会结构来引导个体意识和资源。社区能力是一个复杂的、多方位和动态的概念,一般认为包括 8 个方面:社区参与、领导能力、广泛的社会网络、清楚表达价值观的能力、社区判断力、反映批评意见的胆识、获得资源和技能的本领以及运用权力的能力。它既是社区发展过程中的一部分,也是社区发展的结果。它是通过社区的参与、领导的重视、社区权力的运用和对社区的准确判断来建立的,也是一个把过去自上而下的决策转变为自下而上的决策的过程,而后者需要政府自上而下的支持。

(3) 问题选择

社区组织实践的重要步骤之一是要区别困扰该社区的问题与该社区有强烈意愿要解决的问题。针对青少年体力活动促进来说,不同问题来自于学校、家庭、社区乃至社会制度、文化和价值观,组织能够诊断、识别存在的问题,并能够解释问题的根源,说服组织成员团结起来,共同解决该问题。

(4) 参与原则

社区参与原则(Principle of Participation)是社区组织中的关键性概念之一。社区参与原则在健康促进项目中的执行与贯彻不仅与健康促进项目的覆盖面和社区的接受度直接相关,更为重要的是,社区参与的程度关系到健康促进项目的成本效益,从而直接决定了社区健康促进项目是否能够可持续性发展。有效的社区健康促进项目必须充分利用社区生态网络,从个体、家庭、组织和社区等各个层面开展。要真正贯彻好社区参与原则,就要使社区中的各个部门、团体都积极参与到社区健康促进中来,仅仅依靠居民的参与来开展社区健康促进项目是不现实的。社区参与离不开群众参与,但仅有社区居民的参与是不够的,从一定程度上讲,社区参与蕴含着多部门协作的意义。只有包括社区街道以及社区医院、社区学校等团体组织的共同参与才是真正意义上的社区参与,也只有这样才能保证社区居民的参与性[①]。

(5) 社区联盟

社区联盟是指社区中各种实体组织,为了实现共同目标而联合在一起共同

---

① 李洋,陈良,叶葶葶,等. 社区参与原则在社区健康促进项目中的应用[J]. 中国公共卫生,2002,18(10):1252-1253.

工作。这个联盟是指参与促进社会健康发展和其他相关活动的政府、民间组织和有关部门间的、多机构的、多学科的联合计划制订团队。作为一个共同行动的合作群体,他们通常实施下列行动来解决或改善社区问题:① 分析问题;② 收集资料并进行需求评估;③ 根据已确定的解决方案提出行动计划;④ 贯彻这些解决方案;⑤ 获得社区水平的成果;⑥ 导致社区变革。

2.4.4 系统理论及主要观点

"系统"一词来源于古希腊语,是由部分构成整体的意思。钱学森把系统定义为:由若干个要素以一定的结构形式联结构成的具有某种功能的有机整体[①]。系统具有整体性、层次性、开放性、目的性、稳定性、突变性、自组织性和相似性等基本特性,每一种特性都是系统的一个基本方面,由此形成系统论的基本观点[②]。

(1) 整体性观点

系统作为整体具有部分之和所没有的性质,整体大于部分之和,即系统的质。从事物的存在来看,一个系统具有整体性,是这一系统区别于其他系统的一种规定性;反过来,一个系统区别于另一系统,只是因为系统都是作为具有整体性的东西而存在。从事物的演化过程看,系统具有整体性,是保证该系统在运动中得以保持的一种规定性。一个系统只有得以保持,才有系统的演化。从系统元素相互作用的方面来看,各要素之间非线性相互作用,使系统具有了整体性。如果各元素之间的作用是线性叠加,那么部分可以在不影响整体性的情况下从整体中剥离出来,而对于非线性的相互作用,整体的相互作用不再等于部分的线性叠加,部分不可能从整体中分离出来,各部分处于有机的联系之中,每部分相互联系、相互制约并影响整体。反过来,整体又制约着部分。

(2) 层次性观点

系统的层次性是系统的一种基本特征,层次性原理指出,组成系统的诸要素的种种差异,包括结合方式上的差异使得系统在地位与作用、结构与功能上表现出等级秩序性,形成了具有质的差异的系统等级,层次性反映了这种有质的差异的不同系统等级或系统中的等级差异性。一个系统之所以被称为系统实际上只是相对于它的子系统而言的,而它自身同时也是上级系统的子系统,即要素。

---

① World Health Organization. WHO global report on falls prevention in older age[R]. 2007.

② 魏宏森,曾国屏. 系统论——系统科学哲学[M]. 北京:清华大学出版社,1995.

客观世界是无限的,因此系统层次也是不可穷尽的。高层次系统由低层次系统构成,高层次包含着低层次,低层次从属于高层次,高层次和低层次之间的关系,首先是一种整体与部分、系统与要素之间的关系。高层次作为整体制约着低层次,又具有低层次所不具有的性质。低层次构成高层次,就会受制于高层次,但却也会有自己一定的独立性。系统的层次性是相对的,相对区分的不同层次之间又是相互联系的。有时候不仅是相邻上下层之间存在相互影响和相互制约,而且是多个层次之间发生着相互关系、相互作用,有时甚至是多个层次之间产生协同作用。

(3) 开放性观点

系统的开放性原理指出,系统具有不断地与外界环境进行物质、能量、信息交换的性质和功能,系统向环境开放是系统得以向上发展的前提,也是系统得以稳定存在的条件。我们生活的世界是一个系统的世界,现实的系统都是开放的系统,不与环境接触的、不向环境开放的系统是不存在的。系统的层次性的存在,决定了任何系统都是相对的,即系统都是具有环境的,因而也就都是一定程度地向环境做某种开放的。真正孤立的封闭的系统只存在于人们抽象的理论之中。

系统向环境开放,使得内因和外因联系起来,才有了内因和外因之间的辩证关系。对于事物的发展变化,唯物辩证法告诉我们,内因是变化的根据,外因是变化的条件,外因通过内因而起作用。为使外因通过内因而起作用,这就需要系统与环境之间、内因和外因之间发生相互联系和相互作用。一个封闭的系统中,系统与环境之间没有任何联系,内因和外因也就不可能发生任何联系和相互作用。现实的系统都是开放系统,系统总是处于与环境的相互联系和相互作用之中,通过系统与环境的交换,潜在的可能性就有可能转化为现实性。于是内因与外因发生联系、相互作用、相互转化,引起系统发生质、量互变。

(4) 目的性观点

目的性原理指出,组织系统在与环境的相互作用中,在一定的范围内,其发展变化不受或少受条件变化或途径经历的影响,坚持表现出某种趋向预先确定的状态的特性。目的性是组织系统发展变化时表现出来的一个鲜明的特点。一般而言,系统的目的性与整体性是紧密联系在一起的,若干要素的集合就是为了实现一定的目的,没有目的就没有要素的集合。因此,人们在实践活动中,首先,必须确定系统应该达到的目的,以明确系统可能达到什么样的最终状态,以便依据这个最终状态来研究系统的现状与发展;其次,实行反馈调节,使系统的发展顺利导向目的。

(5) 稳定性观点

系统的稳定性观点是指,在外界作用下开放系统具有一定的自我稳定能力,能够在一定的范围内自我调节,从而保持或恢复原来的有序状态、保持或恢复原有的结构和功能。系统存在意味着系统有一定的稳定性,一种开放中的稳定性。开放是系统发展变化的前提,也是"活"系统得以保持系统稳定的前提。系统变化也是在稳定基础上的发展变化。

(6) 自组织性观点

现实的系统,都处在自我运动、自发形成组织结构、自发演化之中。开放系统在系统内外两方面因素的复杂非线性相互作用下,某些内部因素偏离系统稳定状态的涨落可能会被放大,从而在系统中产生更大范围的更强烈的长程相关性,这些因素自发组织起来,使系统从无序到有序,从低级有序到高级有序。

2.4.5 生态学及其基本观点

"生态学"(Ecology)一词最早见于德国生物学家海克尔的著作《普通生物形态学》中,他提出生态学是研究生物体与其周围环境(包括非生物环境和生物环境)相互关系的科学。还可以把它理解为关于有机体与外部世界(广义的生存条件)的关系的一般科学。自此,生态学成为生物学的分支科学,主要研究生物与环境的相互关系。1935 年,英国生态学家坦斯烈(Tansley)提出生态系统(ecosystem)的概念[①],并把它定义为生物系统与环境系统在特定空间的组合,生物因素和环境因素相互作用,有机地结合在一起,形成具有一定结构和功能的整体,称为生态系统。

人类在社会发展过程中,不断地认识自然和改造自然,在经济、科学、技术上获得长足的进步,物质生活得到极大的改善,社会发展空前繁荣。但人类社会进步与发展的同时,其所依赖的生态环境遭遇到前所未有的破坏,环境问题和生态危机日益严重,人与自然、人与社会以及人与人之间的关系变得越来越紧张。水土流失与荒漠化、温室效应导致的气候异常、工业废物和垃圾导致的土壤污染、生物物种逐渐灭绝等等一系列的自然现象威胁着人类的进一步发展。人与人之间、国与国之间对自然资源的无限制开发、掠夺,使得整个生态

---

① Arthur G. Tansley. The use and abuse of vegetational concepts and terms[J]. Ecology, 1935, 16(3): 284-307.

系统平衡遭到破坏。

环境问题越来越成为生态系统发展的主要问题,也逐渐成为全社会面临的重要社会问题。1970年联合国教科文组织成立了"人与生物圈委员会"(MAB),旨在解决人类面临的环境问题。1972年6月5日至16日,该委员会在瑞典首都斯德哥尔摩组织召开了第一次"人类环境国际会议",113个国家政府代表团及政府首脑、联合国机构和国际组织代表参加了此次会议,讨论当代环境问题,并通过了《联合国人类环境会议宣言》,旨在鼓舞和指导世界各国人民保护和改善人类环境。在此后的40年中,该组织多次召开国际会议讨论了一系列环境问题,通过了《里约环境与发展宣言》《21世纪议程》等纲领性文件以及《关于森林问题的原则声明》《气候变化框架公约》《生物多样化公约》等文件,充分表明了全社会对环境问题的共识以及世界各国对待该问题的政治承诺。

对于生态环境问题的认识以及一系列的国际行动,加快了生态学学科领域的发展,生态学的研究逐渐从自然科学领域扩展到人文社会科学领域,从研究以生物为主体的生态学转向研究以人为主体的生态学,研究由人、社会和自然交互作用而形成的、具有一定结构和功能的"人—社会—自然"的有机复合生态系统。新的生态学认为,人和自然构成了世界,两者密不可分、相互作用,只有从人和自然的相互作用中去认识和理解世界,才能够帮助我们认识和解决现实世界中的各种问题,从而也为研究青少年体力活动问题提供了方法论基础。

2.4.6 社会生态系统理论

社会生态系统理论(Society Ecosystems Theory)在社会工作及社会学界有时被简称为生态系统理论(Ecosystems),它是用于考察人的行为与社会环境之间交互作用的理论。它把人类生存和发展于其中的社会和自然环境看作社会生态系统,强调生态环境对于解决人类发展过程中面临的生态系统问题的重要性,它注重把人的行为放到整个环境中加以考察,人作为社会生态环境中的一部分与其他子系统之间存在交互作用。同时,它又是系统理论的一个分支,也聚焦于环境中的各系统,并描述这些系统怎样与人相互作用、怎样影响人。社会生态系统理论同时也借鉴系统理论,认为人生存于系统之中,与系统中的各种不同子系统持续地发生动态的相互作用,而其他子系统之间也是不断发生作用。社会生态系统理论对于理解人类行为特征和行为问题,以及诊断人类发展过程中各子系统的问题及需求具有较高的理论和实践指导意义。

布朗芬布伦纳(Urie Bronfenbrenner)是一位美国的生态心理学家,1997年首先提出了著名的生态系统理论(Ecological Systems Theory)[1]。该理论强调环境作为一个复杂的系统对人的发展起着重要的作用。家庭、学校、社区、社会等作为生态系统多维度、多层次的系统元素,构成了错综复杂、相互影响和制约的系统网络。按照系统的层次性,他把人类发展的环境网络分为五个子系统,它们分别是微系统、中系统、外系统、宏系统以及横贯各子系统的时间系统,见图2-3[2]。

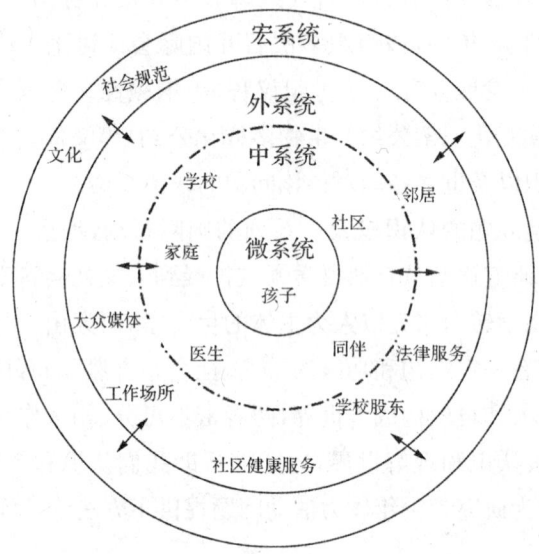

图2-3 生态系统理论的一系列嵌套结构模型

微系统(Microsystem)是由个体在成长发展过程中直接接触到的环境因素构成,比如个体、家庭、社区、学校、同伴等;中系统(Mesosystem)指两个或两个以上微系统环境之间的彼此联系和交互作用;外系统(Exosystem)是指那些个体并未参与其中,但对个体产生作用的环境系统以及这些环境系统之间的相互联系和交互作用,比如父母工作环境、社区健康服务系统等,这些系统虽不能直接对发展中的个体产生影响,但可以通过个体发展的直接环境系统对个体产生影响;宏系统是指个体所处的整个社会组织、机构的文化价值系统、制度系统、道德系

---

[1] Urie Bronfenbrenner. Ecological models of human development[J]. International Encyclopedia of Education,1994,3(2):1643-1647.

[2] David Shaffer, Katherine Kipp. Developmental psychology: childhood and adolescence [M]. Boston: Cengage Learning, 2006.

统等,每一个子系统中都存在着宏系统的元素,它对每个系统产生影响,从而进一步作用于个体行为和心理的发展;时间系统(Chronosystem)是各系统环境及个体生理、心理特征随时间推移所具有的变化性和恒定性,比如家庭中弟弟或妹妹的出生、个体青春期发育、从初中升入高中等这些因素影响着个体生长的环境,从而对个体发展产生影响。

布朗芬布伦纳的社会生态系统理论是针对儿童成长发育过程而提出的。其理论基础更加倾向于生物系统,注重考察社会环境对儿童成长的作用,而忽略儿童个体的能动性,所以有些学者认为他的理论具有环境决定论倾向。但不可否认的是,布朗芬布伦纳的生态系统理论对心理学及儿童成长理论的发展做出了重要贡献,拓宽了研究视野与内容,同时也为社会生态系统理论在社会工作中的运用提供了理论基础。

现代社会生态理论代表人物之一查尔斯·扎斯特罗进一步发展了布朗芬布伦纳的社会生态系统理论,详细解释了人的生长发展与社会环境多层次系统之间的交互关系,把个体行为的社会生态系统进一步划分为三种基本类型:微观系统、中观系统以及宏观系统[①]。微观系统指个人,是具有生物、心理和社会系统的相互作用的系统类型,社会工作的微观取向注重个人需求、问题及优势,强调个人如何提出问题,形成解决办法,使最好、最有效的选择成为可能;中观系统指任何小规模的群体,包括家庭、学校和其他社会群体,微观系统往往和中观系统交织在一起,在实践中很难区分是个人问题还是中观群体问题,在很多情况下是主观地对两类系统进行区分;宏观系统指比小规模群体大一些的系统,宏观取向关注社会、政治、经济状况和政策,这些因素总体上影响人们的资源获取和生活质量,所以,社会工作的宏观实践包括努力改善人们生活的社会环境和经济环境。个体与社会生态系统之间存在相互作用力,个体的行为与环境相互联系、相互制约、相互影响(如图2-4)。

图2-4显示了个体微观系统与中观系统的相互作用,双向箭头表示了两类系统的互动关系,中观系统又包括了家庭、群体等与个体系统发生相互作用的子系统。个体微观系统也受到社会环境中与之互动的宏观系统的持续而重大的影响。宏观系统又包括社区、学校、组织、机构等子系统。一方面,社会生态系统理论的观点和方法为青少年体力活动不足行为的分析与干预提供了理论框架和实

---

① (美)扎斯特罗,阿什曼.人类行为与社会环境:第6版[M].师海玲等,译.北京:中国人民大学出版社,2006.

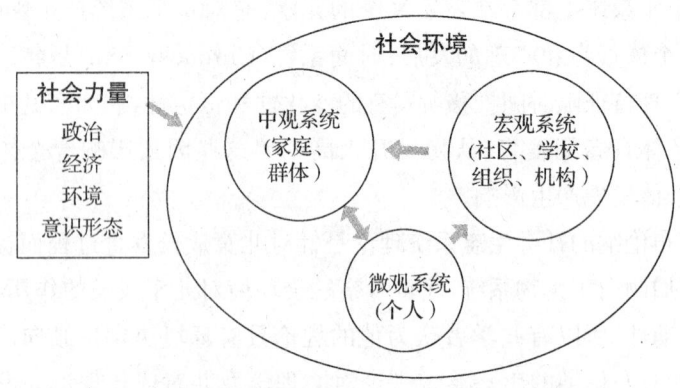

图 2-4 社会环境中多重相互作用的系统

践参考,它坚持辩证唯物主义的内外因原理,同时从系统的视角将人类的发展环境进行细分,扩大了原有心理学研究的环境的概念,用更加贴近自然的方式研究人的心理、行为的发展,更具有现实意义,为探索青少年体力活动促进实践提供了有益的借鉴。另一方面,从系统的观点出发,综合考虑系统之间的相互联系和交互作用,更容易深层次揭示个体心理、行为发展中的问题,为个体行为干预提供有效的理论依据和决策参考。

2.5 本章小结

青少年正处于身体、心理未完全成熟的时期,体力活动对于青少年健康成长以及社会化有着重要的意义。然而,社会生态系统多层次、多方面因素制约着青少年体力活动参与的能力和机会,致使青少年体力活动严重不足,并有逐渐下降的趋势。全世界范围内,青少年体力活动不足已经成为流行趋势,经济发达国家表现尤其突出,发展中国家紧随其后。体育锻炼的缺乏、体力活动水平的降低,再加上营养过剩等因素,给青少年的体质与健康带来严重威胁,从而对社会经济的发展产生一定的制约作用。世界卫生组织和发达国家一些研究机构已经出台青少年体力活动促进战略规划,呼吁全社会行动起来,共同干预青少年体力活动,促进青少年身体健康。

随着体力活动测量和评价手段的国际化、标准化水平提高,青少年体力活动不足的流行趋势得到了比较客观的分析与描述。自 20 世纪 90 年代以来,众多研究除了针对现状进行描述研究以外,越来越多的研究探索分析体力活动的影响因素和制约机制,以期为体力活动促进提供决策参考。随着研究和实践的逐步深入,社会生态系统理论观点和方法的应用被更多的研究学者所接受,它从系统的视角分析多层次、多方面的社会生态因子给青少年身心发展所带来的影响,更具系统性、综合性和应用性,对于全面系统认识青少年体力活动影响因素以及促进实践有着较高的指导意义。国外研究实践也证明基于社会生态系统视角进行干预实践比单纯从个体行为角度更加有效。所以,近几年来,国内外针对青少年体力活动促进也产生了一些理论模式,但这些模式主要是通过综合干预体力活动的个体因素、个体间因素以及社区组织环境因素达到促进青少年体力活动的目的,并没有考虑到在促进过程中各系统组织及组织结构变化、组织的发展模式、组织的管理过程等内容,该研究认为,已有的促进模式针对目标人群确实具有较高的科学性,但如何在实施过程中确保较高的科学性和有效性仍然没有得到系统解释。青少年体力活动促进不仅是对社会生态因素的干预,而且更应该从管理组织方式、管理过程和促进组织的发展变化上保证促进的效果,特别是在我国当前的教育体制下,更应该发挥行政的领导作用,加强政策的执行力和执行效果。

  本研究针对我国教育环境,首先基于社会生态系统理论构建青少年体力活动社会生态系统,系统分析各生态因子对体力活动的影响及作用机制,采用实证方式验证因子之间的结构模式。其次,根据我国教育管理体制,依据因子的结构关系,建立生态组织变化和促进流程相结合的青少年体力活动促进社会态系统模式,并重点探索促进过程中,组织的阶段性变化给青少年体力活动促进带来的影响。最后,以青少年体力活动促进江苏模式为案例,探讨该模式的内部有效性,总结青少年体力活动促进管理有效性的关键路径和控制方法,为进一步应用该模式提供有益的参考和决策依据。

第3章 我国青少年体力活动社会生态系统分析

辩证唯物主义认为,任何事物的发生、发展都具有内部原因(内因)和外部原因(外因)。内因指事物内部诸要素之间的对立统一,也就是内部矛盾。外因指某事物与其他事物的对立统一,也就是外部矛盾。内因和外因在事物的发展中是同时存在、缺一不可的,但二者的地位和作用不同。内因是事物存在的基础,是一个事物区别于其他事物的内在本质,是事物运动的源泉和动力,它规定着事物运动和发展的基本趋势。外因是事物存在和发展的外部条件,它通过内因而作用于事物的存在和发展,加速或延缓事物的发展进程,但不能改变事物的根本性质和发展的基本方向,所以,内因是第一位的原因,外因是第二位的原因。唯物辩证法要求人们在具体分析矛盾和解决矛盾时,既要看到内因的重要作用,同时在坚持"内因论"的前提下,不忽视外因的作用。分析青少年体力活动下降、体力活动不足的原因同样需要坚持辩证唯物主义矛盾的观点,既要分析个体自身的因素(内因),又不能忽视外部环境的作用(外因),只有把两者结合起来,才能厘清影响青少年体力活动问题的主要矛盾和矛盾的主要方面,有的放矢地设计和实施预防与干预措施,提升青少年体力活动水平,促进青少年健康发展。本章将基于社会生态系统视角,构建青少年体力活动社会生态系统,研究分析生态系统因子对青少年体力活动的影响及作用机制。

3.1 青少年体力活动社会生态系统

社会生态是人类社会的各种群体与其生存环境所组成的特定结构及其功能关系。社会生态系统是社会人群子系统与其环境在特定时空的有机结合。青少年体力活动社会生态系统是青少年群体与其生存环境有机结合在一起,具有一定的结构关系,对青少年体力活动产生影响的社会生态子系统。依据生态系统理论基本思想和观点,笔者认为,青少年体力活动不足问题产生的根源来自于青少年所处的社会生态系统本身,是由他们自身及其生存的物质环境、社会环境之间的机能失调造成的。青少年体力活动社会生态系统的复杂性、多层性、动态性等特点,造成影响体力活动水平的因素是多维、多层次的;不同层次的因素对青少年体力活动产生直接或间接的影响;不同层次之间、同一层次因素之间相互联系、相互制约,对青少年体力活动产生直接或间接的影响;这些多维、多层次因素构成青少年体力活动社会生态系统,作为系统一部分的青少年与社会生态系统其他子系统之间相互作用,并动态地发生变化。青少年自身之外的所有系统及其相互作用构成了人的社会环境,他们和社会环境之间的相互作用对其行为产生巨大的影响。

青少年体力活动促进是一项复杂的系统工程,其目的是在促进青少年体力活动的过程中,诊断与分析个体、家庭、学校及其他群体的问题和需求,确定适当的介入方法,系统促进体力活动水平提高。只有找出青少年体力活动不足的系统性问题,才能有效确定青少年体力活动促进的关键因素及控制方法,然后通过系统因子的干预,提高青少年体力活动水平。由此,为深入分析青少年体力不足问题的根源,该研究构建了青少年体力活动社会生态系统(如图3-1)。

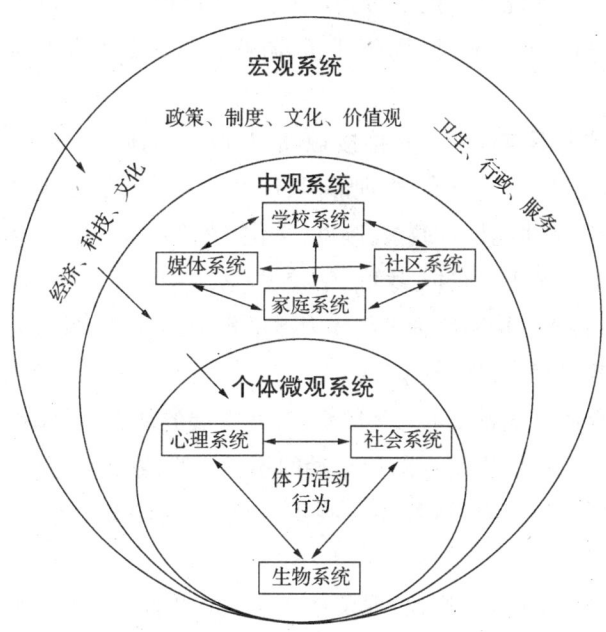

图 3-1 青少年体力活动社会生态系统

该系统由个体微观系统、中观系统以及宏观系统构成。个体微观系统包括青少年个体生物系统、社会系统、心理系统以及它们之间的交互作用。个体生物子系统因子包括身高、体重、年龄、性别等生物统计学信息；社会心理子系统包括对体力活动的认知、情感、态度、动机、意志、价值观以及自我效能等心理和社会心理学因子，以及个体所具备的参与体力活动的知识、技能因子等，这些因子构成了青少年积极参与体力活动的内因，是青少年参与体力活动的趋向性动力。

中观系统是指学校、家庭、社区、媒体以及它们之间的相互作用而构成的系统。学校、家庭、社区和媒体共同担负着青少年的体育教育，学校体育教育起主导作用，但离不开家庭和社会的支持，同时各子系统承担的青少年体育教育功能又相互影响。这些子系统直接与青少年个体接触，并直接或间接对青少年体力活动行为产生影响。学校子系统是青少年日常学习、生活的场所，在青少年的社会化过程中起着极为重要的作用。青少年不仅能够通过学校体育教育获得参与体力活动的知识、技能，更重要的是能够通过在学校的体育参与，不断提高对体育的认知水平，逐渐形成稳定一致的体育价值观，为终身体育打下良好的基础。家庭和社区子系统是由家庭、社区体育硬件设施、软件条件以及家庭父母长辈对青少年体力活动的社会支持因子构成。媒体子系统是信息传播的重要渠道，对于青少年体力活动来说是一把双刃剑，一方面可以提供各种各样的关于体力活动的积极信息，另一方面电视、电脑、手机、游戏机等占据了青少年大量的课外活动时间。

宏观系统是由不与青少年直接接触，但对他们的体力活动产生间接影响的子系统构成，包括学校教育行政管理部门、社区以外的其他社区、父母单位、社区管理部门、健康服务机构以及政策、制度、文化、价值观等。它渗透到青少年体力活动的各个环境系统中，通过对家庭、学校、社区等中观系统的影响，间接影响着青少年体力活动，或直接制约青少年体力活动水平的发展，例如上级制定和下达的学校体育行政法律、法规、政策等。

青少年的个体微观系统随着年龄变化，其发展的环境也逐渐改变，各系统的环境因素的影响及作用机制也随着年龄的增长发生改变，分析青少年体力活动问题的根源，必须坚持历史唯物主义观点，以发展的眼光看待这些个体和环境因素。

在个体微观系统中，生物、心理及社会子系统之间相互作用（双向箭头表示相互作用），个体微观系统在社会环境中依靠与多种中观和宏观系统相互作用对青少年体力活动行为产生影响。中观系统中，学校、家庭、媒体及社区子系统也存在着交互作用。宏观、中观、微观系统因子层层推进，制约着青少年体力活动水平，造成目前青少年体力活动不足的现状。

3.2 青少年体力活动社会生态系统特点

青少年体力活动社会生态系统具备复杂系统的一切特点,即主要表现为目的性、整体性、层次性、动态性和开放性等。

3.2.1 目的性

系统的目的性表现在对青少年体质健康的促进上,无论是家庭、学校还是社会,对儿童青少年的发展都有着健康的诉求,国家制定相关的体育政策法规,学校配备完善的体育场地、器材、师资力量等,其根本目的是保障青少年在学校和社会中受到良好的体育教育,获得科学的体育运动知识和技能,并形成健康的运动生活方式,但由于系统的复杂性特征,系统在运转过程中,如果系统各元素不能够协调配合,则并不能达成系统的目的。

3.2.2 整体性

学校、家庭和社会共同承担着青少年体力活动促进的任务和责任,单独依靠任何一方都不能实现系统的目的。学校承担着学生体育教育的主要任务,但离开社会和家庭的支持,学校的体育教育也不能顺利进行。行政管理部门为学校体育教育提供一系列的公共体育服务,包括法律、法规、政策、制度等软环境和场地、器材、资金、师资力量等硬件环境,鼓励学校开展多种形式的体育教育,让学生有更多的机会和能力参与到体育活动中来。家庭应该支持学校的体育教育措施,积极配合学校开展家庭体育活动,为孩子提供体育服装、器材和参与体力活动的时间。只有社会、学校和家庭通力协作,才能够发挥系统的整体性功能,扭转当前学生体力活动不足的局面。

3.2.3 层次性

影响学生体力活动的因素具有多层次、多方面的特征,各层次之间又有着交互的作用。有些因子直接影响着学生的体力活动,比如学生体力活动认知水平以及态度、价值观、体力活动能力、体育活动技能等。有些因子起到间接的影响作用,比如学校的体育政策、制度。还有些因子有时具有直接的作用,有时却起到间接的作用,比如家庭、朋友的社会支持等。

3.2.4 动态性

青少年体力活动社会生态系统的动态性表现为社会生态因子的变化性和稳定性。由于青少年正处于身体、心理和社会适应能力的发展变化过程中,加之生长的社会环境、自然环境也在不断地发生变化,因此体力活动影响因子也在发生着动态变化。比如,青少年随着体力活动认知水平、体育运动技能水平的提高,可能开始由被动的体育参与变成主动的体育参与,一些对体力活动起主要作用的强制性政策、措施逐渐被弱化,体力活动生活习惯变成主导青少年参与体育锻炼的主要因素。

动态性还表现在系统因子之间的关系的动态变化,这使得系统可能从一个稳态向另一个稳态跃迁。比如青少年早期,大多数孩子会住在家里,放学以后的体力活动主要体现在放学路上以及家庭和社区中,家庭、社区环境起着重要的影响作用;而青少年后期,他们在家庭的时间越来越少,更多的体力活动在学校进行,家庭和学校的交互关系发生变化,以学校和家庭共同主导的体力活动促进转向由学校主导,家庭的作用更多体现在对学校体育工作和孩子体锻炼资金的支持上。

3.2.5 开放性

青少年体力活动社会生态系统是一个开放的系统。首先,系统的主要元素是青少年个体,其本身是一个生物体,在生长发育过程中不断地与外界环境发生能量交换,维持自身的平衡和发展;其次,组成系统的微系统、中系统、宏系统也都是开放的复杂系统,系统不断与外界进行着物质、能量和信息交换,保持系统的稳定性或从一个平衡点向下一个平衡点跃迁。这也是体力活动促进行为可以有效改变社会生态系统结构,使之向有利于提高青少年体力活动水平的方向跃迁的根本动力。

3.3 青少年体力活动社会生态系统因子分析

分析青少年体力活动不足的问题,探究问题背后的根源,是进行青少年体力活动促进实践的首要工作。只有厘清青少年体力活动不足问题产生的机制,找到阻碍青少年体力活动发展的因素,才能制订出有效提高青少年体力活动水平的措施。根据青少年体力活动社会生态系统分析可知,青少年体力活动影响因素是复杂的、多变的,不仅涉及个体行为,而且涉及学校、家庭、社区乃至整个社会环境。有些原因是主观的,有些是客观的;有些是主要原因,有些是次要原因;有些是历史原因,有些是现实原因;等等。所以详细分析不同层次、不同方面的因素可能使问题更加复杂化,因此,为了更加充分地认识这些因素特征以及它们对于青少年体力活动的重要性,该研究试图简化整个系统构成,抓住主要因素和因素的主要层次,分别从个体微观系统层次、中观系统层次以及宏观系统层次考察各因素对青少年体力活动的影响。宏观系统层次主要是指社会环境,重点考察社会文化因素、社会经济因素、社会制度因素以及社会价值观因素的影响;中观系统层次重点探索家庭因素、学校因素、社区因素以及媒体因素的作用;个体微观系统层次主要探讨体力活动自我效能、体力活动认知、体力活动态度及价值观、体力活动能力等因素的影响。最后建立多层次、多方面的社会生态系统因子分析模式。

3.3.1 个体微观系统因子及其对青少年体力活动的影响

(1) 青少年生物系统发育及其对体力活动的影响

青少年处于身体、心理发展变化的过程中,身体形态、生理机能、身体素质、心理及社会适应方面都在不断变化[①]。① 形态。女孩大约在9~13岁,男孩在11~15岁,身高和体重处于陡增期。身高平均每年增长6~8厘米不等,体重平均每年增加5~10千克不等。在这一阶段,第二性征开始出现并逐渐发展至成熟,男生趋于体形魁梧、肌肉发达,女生趋于苗条,胸部隆起、臀部变圆。② 机能。青少年脉搏、血压、肺活量及神经系统得到迅速发展。脉搏随年龄增长而逐渐减慢,18岁后趋于平稳。血压包括收缩压和舒张压,它们随着年龄增加而增加,18岁后也趋于稳定。肺活量水平随年龄增加而增加,但增长幅度存在个体差异,与后天锻炼有着密切的联系。脑和神经系统的发育特别是脑皮层结构和机能的发育已经基本完全,兴奋进程和抑制进程趋于平衡和稳定,动作更加协调,第二信号系统的调节进一步完善,为青少年运动技能学习打下良好的物质基础。③ 身体素质。身体素质包括力量、速度、耐力、灵敏性及柔韧性。力量素质与肌肉的发育相一致,发展较晚,但在青少年时期的发展速度最快,这种趋势与身体形态的发育趋势相一致,即男性在12~15岁之间,女性在10~13岁之间自然增长最

---

① 徐愫. 人类行为与社会环境[M]. 北京:社会科学文献出版社,2003.

快,男性17岁、女性15岁以后趋于稳定,经常参与力量锻炼对于力量素质水平的提高起到非常重要的作用;速度素质与神经系统的反应速度、灵敏性、协调和肌纤维类型有关。其中,男女儿童青少年反应速度增长峰值均在9至14岁之间,16岁后趋于稳定,由于速度素质受先天性遗传影响较大,后天的改造与提高较为困难,因而增长百分率较低;耐力素质是反映肺功能水平和心血管系统机能水平的重要指标,对健康具有重要的价值。男性在12~16岁,女性在11~13岁自然增长最快,18岁以后逐渐趋于稳定,青少年时期的耐力水平锻炼为耐力素质水平提高奠定了基础,如果在这个时期加强锻炼,男性仍有7%、女性有10%提高的潜力;研究表明,灵敏性素质在儿童期发展较快,特别是7~9岁发展最快,男女均在19岁左右达到最高水平;儿童期柔韧性最好,这一时期骨骼的弹性好,可塑性强,关节韧带的伸展度大。研究结果指出,如果从儿童时期开始重视柔韧性的练习,对提高柔韧性素质更有成效,11岁左右,柔韧性素质的发展速度减慢,18~20岁停止,且一般女子的柔韧性要强于男子。了解了身体素质不同发展时期的变化规律和特点,对于体育教育者来说可以抓住学生训练"敏感期",诱导"运动潜能",循序渐进地提高学生身体素质。④ 运动能力。身体形态、生理机能和身体素质的发展为青少年运动能力发展提供了物质基础,在儿童时期的跑、跳、攀爬、投等基本动作能力发展的基础上,青少年开始能够学习和掌握专业的体育运动技能,比如各种球类运动技能,这个时期也是他们获得多项专项技能的最佳时期,只有具备了几项运动技能,才能够参与到比赛当中,充分享受到运动的快感,并为终身体育以及养成运动的生活方式打下坚实的基础。

青少年生理系统的发育为其参与各种体力活动打下良好的基础。积极主动参加体育锻炼,不但能够增强各项身体素质,而且能够掌握多种多样的运动专项技能;相反,不愿意参与体育活动,不但身体素质得不到充分发展,而且还影响到各种运动技能的学习。研究表明,体质薄弱的青少年,运动能力表现比较差,运动技能得不到锻炼会进一步影响其参加体育运动的积极性。

(2) 青少年认知能力与社会认知发展及其对体力活动的影响

随着学习的深入和社会交往的不断增加,青少年的认知水平得到进一步提高,在思维、观察和记忆等方面表现出新的特点[①]。① 思维方式。青少年思维方式逐渐由经验型逻辑思维向理论型逻辑思维方向发展,并随着知识水平的提高,

---

① 林崇德. 发展心理学[M]. 北京:人民教育出版社,2009.

抽象思维能力得到迅速提高,开始辩证地分析问题,采用假设检验的方式解决问题,在学习和实践中,逐步认识到一般与特殊、归纳与演绎、理论与实践的对立统一关系。② 观察和记忆。在这一阶段,青少年观察的目的性和自觉性有所增强,对事物的注意力变得越来越持久,并能够全面观察事物的细节,而不仅仅是感兴趣的某个方面。随着逻辑思维水平的提高,青少年对事物观察结果的概括性逐渐增强。在记忆方面,意义识记成为识记的主要手段,并逐渐占据主导和支配地位,但无意义的机械记忆方式仍发挥着重要的作用。

社会认知,主要是指对他人表情的认知,对他人性格的认知,对人与人关系的认知,对人的行为原因的认知。社会认知是个人对他人的心理状态、行为动机、意向等做出推测与判断的过程。社会认知的过程既是根据认知者的经验及对有关线索的分析而进行的,又必须通过认知者的思维活动(信息加工、推理、分类和归纳)进行。青少年社会认知水平在这一时期得到较快的发展,他们不但能够以第二方身份看待问题,而且能够明白一个人的观点和行为是如何影响另一个人的,即能够看到人际互动及互动对彼此的影响。到了青少年后期,他们开始理解个体在某一问题上的看法和观点是受到多种因素影响的,其中社会群体中主要的观点对个体的看法和观点有重要的影响。

随着青少年认知水平的发展,体育学习的方式也逐渐发生转变。在体力活动相关理论的学习中,青少年通过思维加工、逻辑推理等方式,认识到体力活动对提高身体素质、身体健康水平以及个体社会发展的重要影响;在运动技能的学习中,他们通过积极的观察、记忆以及持久的学习注意力,可以掌握相关的运动技能,提高体力活动的动机水平和参与体育锻炼的积极性,并可以提高体力活动自我效能。但同时,青少年也容易受到社会因素的影响,社会群体的观点对个人的行为有着重要的影响,有时可能因为朋友期望他保持静坐行为方式而厌倦体育锻炼,也可能因为生活中的突发事件而促使他改变静坐的行为方式,这种行为的改变又可能进一步影响他的朋友。社会认知理论强调了社会认知因素(包括个体情感、生物学因素等)、个体行为和社会情境的互动作用①。社会情境是客观环境在个体心理中的反映,情境中的个体对其他人产生期望和期望值,并受到这些人的支持和帮助而强化自身的行为。

---

① 班杜拉. 思想和行动的社会基础——社会认知论[M]. 林颖,译. 上海:华东师范大学出版社,2001.

3.3.2 家庭、社区子系统因子及其对青少年体力活动的影响

家庭是社会的细胞,是以婚姻和血缘关系为纽带而构成的社会基本消费单位、生活单位。孩子出生于家庭并在家庭中长大成人,毋庸置疑,家庭系统相关因子对于孩子的成长与发展起着至关重要的作用,而且孩子不同的发展时期,家庭的作用也存在显著的差异性。儿童时期,由于孩子离不开家长在生活、学习等方方面面的照顾,因此孩子在家的时间相对较长,家庭因素对孩子的影响最为明显;青少年时期,他们大部分时间在学校中度过,待在家里的机会也越来越少,有时只有周末有机会跟家长待在一起,再加上他们独立性越来越强,家庭的影响也逐渐变弱。

对于体力活动行为来说,家庭微系统的影响更多表现为家庭的社会支持,即家长的支持和家庭环境的支持。众多研究表明,家庭因素对于青少年体力活动行为方式有着关键的影响作用[1]。首先,家长自身健康素养高低对青少年参与体育运动有显著影响。有些家长健康素养薄弱,没有运动习惯,周末和假期常常宅在家里打游戏、看电视、上网,显然,他们没有时间与孩子在一起进行有益的户外运动,从而势必会影响到孩子的体力活动水平,特别是周末和假期的体力活动量。而有些家长拥有强烈的健康意识,自身保持着健康的运动生活方式,对于体育运动的健康效应有强烈的认识,他们不但自己运动健身,而且会在周末和节假日主动带上孩子到户外参与体育锻炼和休闲体育运动,这不但能够培养孩子的体育意识,而且在实践上能够增加他们的体力活动量。其次,家庭经济因素对青少年体育参与也产生一定的影响,健康素养水平高的家长,在经济条件许可的条件下,会主动给孩子购买他们喜欢的体育用品、体育服装,促进孩子的体育运动参与,相反,健康素养薄弱的家长,不但不会支持孩子购买体育用品和服装,而且在经济条件优越的情况下,也不愿意支持孩子参与运动,更有些家长害怕运动参与会占用孩子学习时间,影响孩子的学习成绩。最后,家庭的物理和文化环境因素无形中对孩子的体力活动意识和体育参与产生一定影响,比如家庭中配备一些简易的体育器材如训练器械、跑步机等,孩子在家庭中就能够进行一些简单的体育活动,墙壁上悬挂一些健康标语,如"控制饮食、多运动"等,减少家庭的屏幕时间,在有限时间内共同欣赏体育节目或健康的影视节目,等等。所以,家庭要

---

[1] Gaston Godin, Gerjo Kok. The theory of planned behavior: a review of its applications to health-related behaviors[J]. American Journal of Health Promotion,1996,11(2):87-98.

主动营造健康的物理环境和文化氛围,这对于整个家庭的健康发展有着重要的意义。

社区是我们生活中不可或缺的环境,无论在哪里工作或学习,我们都生活在由一定群体构成的基础机构中,对于青少年来说,家庭和社区是他们在学校之外直接接触到的重要的生活场所。特别是周末和节假日期间,他们大部分时间都在家庭和社区中度过,社区的建筑环境、安全性、社区活动场地、社区体育设施及可达性等对他们是否参与体力活动、体育休闲、娱乐,能否提高课外体力活动水平有着直接的影响[①]。友好、安全的社区更有利于青少年走出自己的房间,与社区朋友一起玩耍,完善的社区体育设施为他们参与家庭和社区体育休闲娱乐提供了更多的机会。

3.3.3 学校子系统因子及其对青少年体力活动的影响

学校是青少年接受教育和社会化发展的重要场所,肩负着国家和社会教育的重任,有责任和义务把青少年培养成德、智、体、美、劳等素质全面发展的有用人才。学校不仅为青少年提供了体育锻炼的硬件设施和环境,更重要的是为青少年提供了接受体育教育的机会,使他们获得体育运动的知识和参与运动的技能。然而,面对学生体力活动不足、体质下降的问题,我国的学校体育面临着一系列问题,学校体育场地不足、体育器材缺乏、体育教师少、考试选拔制度等因素制约着学校体育的发展[②]。该研究将从学校体育硬件环境(体育场地、体育器材、体育设施等)、学校体育软件环境(体育师资力量、体育课程及课外体育活动、体育政策环境、体育价值观)两个层次五个方面进行分析,阐述学校微系统因子对青少年体力活动产生的影响。

(1) 学校体育硬件环境

学校的体育场地、设施及器材是影响学生参与体育的重要因素,场地、器材是开展体育教学的基本条件和保障,没有场地和器材,体育课可能就成为"无米之炊"。我国很多城市的中小学,由于学校占地面积较小,学生人数规模又大,平均占有的体育场地微乎其微,因此学校很难广泛开展大课间体育活动和课外体

---

① Patricia Tucker, Jennifer D. Irwin, Jason Gilliland, et al. Environmental influences on physical activity levels in youth[J]. Health & Place, 2009, 15(1): 357-363.

② 党挺. 体育强国进程中我国学校体育的困境与发展[J]. 西安体育学院学报, 2011, 28(6): 752-755.

育活动,从而制约着学生体力活动水平的提高。而有一些农村学校,虽然占地面积比较优越,但由于地处贫困地区,经济上无法支持购买充足的体育器材,一些运动专项技能教学无法得到实施,学生的专项运动技能发展受到限制。

(2) 学校体育师资力量

师资力量是学校体育得以开展的核心要素,体育教学质量提高、学校体育环境改善、学校体育政策实施都离不开体育教师的支撑作用。"百年大计,教育为本;教育大计,教师为本"充分揭示了教师在学校中的重要作用。充足的体育师资力量是开展学校体育的基本要求,高素质的体育教师是完成体育教学基本任务、实现体育教学基本目标的重要保障。体育教师不仅要通过言传身教让学生理解和掌握运动相关的基本知识,比如营养、解剖、生理等,而且要教会学生运动的基本技术,为学生终身体育打下坚实的基础。但目前我国体育教师面临着诸多困境。首先,在数量上不能满足体育教学的需要。义务教育阶段教师整体超编一百多万,但体育教师缺编三十多万,教育部体卫艺司司长王登峰认为在未来相当长的时间内还做不到配齐体育老师,体育老师缺编的问题非常严峻[①]。其次,在素质上需待提高。随着时代的变迁,学校体育的教学理念、教育观念发生了较大变化,客观上要求体育教师不断地学习和创新,以满足学校体育发展的需要。比如,新体育课程标准提出四大课程理念:坚持健康第一的指导思想;激发运动兴趣,培养学生终身体育意识;以学生发展为中心,重视学生主体地位;关注个体差异与不同需求。这同时也要求教师在教学理念、教学方法和手段上进行不断的完善、创新与改变,适应新的课程标准要求,将学生的健康发展放在首位,树立终身体育的观念。

(3) 学校体育课程及课外体育活动

体育课程是学生学习运动相关知识和技能的主要途径,对于有效提高他们的体力活动水平,养成良好的运动生活方式有着重要的基础性作用。学生通过体育课程理论的学习,了解运动的基本原理、人体运动相关的生理结构、运动促进健康的相关知识等,提高对体育的认知和运动素养水平,对于科学有效运动有着重要的意义;他们通过体育运动技能的学习,掌握各种运动的基本技术及多项运动专项技能,能够积极参与到运动竞赛及运动游戏中来,提高运动能力。所以,体育课程必不可少,而且运动知识和运动技能都不能忽视,只有把理论学习

---

① 王登峰. 体艺卫司王登峰司长在第五届社会体育论坛的讲话[R]. 2012.

和技术学习结合起来,才能提高体育课程教学的价值和学生学习的效果。另外,课外体育锻炼也是提高学生体力活动水平和体育课程学习效果的有效手段。一般初中学生在学校期间每周有三节体育课,高中生有两节体育课,总时间分别为120分钟和80分钟,这些时间根本无法满足体力活动标准的要求,所以,只能通过课外体育活动、大课间体育活动的开展,让学生满足每天1小时中等强度以上体力活动的要求,同时,通过这些形式的活动也可以让学生进一步巩固体育课中学习的体育知识和技能。

(4) 学校体育政策环境

学校体育政策是针对学校体育问题、为贯彻教育政策和体育政策而制定的具体方案,属于一般教育政策,其主要作用是保障学校能够按照党和国家的教育培养目标开展体育工作。其中包括学校体育场地设施配置标准、学校体育课程设置、大课间体育活动和课外体育活动安排、学校体育师资力量配备、体质健康监测与评价等相关政策。它们是在国家和地方的体育行政法规、体育政策方针指导下,根据学校的实际情况而制定的一系列的方针、路线、规划、规章、条例、决定等形式的纲领性文件和行动方案,同时也是学校体育得以顺利开展,实现学校体育目标的重要保障。

学校体育政策对于学生体育参与具有直接和间接的影响作用。一方面,学校通过体育政策的执行,可以有效改善学校体育软硬件条件和环境,让学生拥有更多的体育场地、更好的体育器材以及更多的运动时间,可以提高体育课程的教学质量,提高学生的体育学习效果,从而有效提高学生的体力活动水平。另一方面,任何一项体育政策都反映了一定的政治、经济、文化和意识形态的社会诉求,体现了不同社会相关群体的价值观,具有目标导向性。有些政策对于学生体育锻炼有着直接的要求,比如学生体质健康标准、"一小时阳光体育运动"等;有些体育政策体现了学生对体质健康的追求,在思想上和行动上积极促进学生参与体育运动,比如运动健康奖励制度等;而有些政策则与学生的学业成绩挂钩,影响着学生的升学考试,比如有些地区的体育中考制度等,在一定程度上强制学生参与体育锻炼。

(5) 学校体育价值观

体育价值观是指人们对体育的意义、重要性的总体评价和总体看法,是体育的基本价值反映在主体信念、信仰、理想等方面的总和。体育价值观反映了人们对体育的认知和态度,反映了人们对体育需求的程度。在形式上,体育价值观表现为人们对体育及体育锻炼等基本价值的看法、信念、信仰、理想等;在内容上,表现为体育参与者的地位、需求和利益;在功能上,则表现为能够衡量体育对于自身的价值和作用,权衡体育对于学生身心发展的利弊。

学校教育者和被教育者都具有各自群体的体育价值观,并且相互影响。学校教育者的体育价值观决定了学校是否把学生体育放到应有的位置,也决定了学校在体育政策建立和执行、体育硬件建设、体育师资管理、体育课程教学、课外体育活动及大课间体育活动开展的投入水平。只有在学校体育受到足够重视的情况下,学校体育才能得以有效实施,学生才能够得益于学校体育的发展,树立起正确的体育运动价值观。当然,不可否认,在应试的教育体制下,社会、学校、家庭以及学生自身仍然把追求学业考试及升学放在第一位,忽略体育的价值,甚至把体育锻炼看作是阻碍学习的因素。如果不改变传统的、错误的体育价值观念,学校即使拥有充足的体育教师、体育硬件设施和体育器材等各种条件,学生体育学习和体育锻炼仍然会达不到应有的效果,学生的体质及健康问题仍然得不到有效解决。

3.3.4 媒体子系统因子及其对青少年体力活动的影响

媒体是指传播信息的媒介,即宣传的载体或平台。目前主要的媒体有报纸杂志、广播、电视、互联网、移动网络等,媒体对于青少年体力活动的影响因素表现在媒体本身以及媒体所传播的信息上。有些因素的影响是负面、消极的,比如计算机、电视、手机等的使用占用了青少年越来越多的空闲时间;而有些因素的影响是正面、积极的,比如基于计算机的虚拟的运动竞赛游戏,不仅可以满足青少年玩电子游戏的欲望,而且可以通过真实的运动,提高体力活动水平。此外,正面、积极的运动健康知识信息的传播,有利于提高青少年的体力活动认知,促进青少年进行体育锻炼;负面、消极的运动危害信息可能会降低青少年锻炼的动机水平。

3.3.5 社会生态宏观系统因子及其对青少年体力活动的影响

影响青少年体力活动的社会生态宏观系统因子主要是指社会环境,包括制度、经济、科技、文化、价值观等因子。物质文明和精神文明的发展是人类社会进步的标志,但人类创造这些文明成果的同时,也给自然、社会和人类自身带来一定的负面影响。一方面,人类不断地创新文明成果,科学技术的发展,使人类的生活变得越来越方便。比如,交通设施和交通工具的发展,越来越多的行走、骑车方式被乘坐汽车、火车及公共交通所代替;家庭生活的现代化技术产品节省了大量的体力活动;电脑、移动通信设备的使用,使人类的沟通没有了距离;充足的高热量、高脂肪及高蛋白饮食不断满足着人类对食品口味的追求；人类创造的环境向更加方便、快捷的方向发展，大大减少了人类的体力劳动。科学技术的发展大大提高了人类的工作效率，创造了越来越多的社会财富，从而又进一步加速科技的发展，不断满足人类的欲望。另一方面，文明的进步却给人类带来了难以遏制的体力活动下滑的趋势。有了汽车，人类自然不愿选择步行或骑车的交通方式；有了便捷的通信工具，人类减少了相互走动、当面交流传递信息的机会；有了洗碗机、洗衣机等家用电器，人们当然也不再愿意亲自动手干这些家务活；有了高能量、口味好的食品，人们自然也不再想吃粗茶淡饭。生活产品极大丰富，人类获得生活满足感的同时，健康水平却面临着种种威胁。营养过剩、体力活动不足、静坐时间增加等因素越来越成为人类非传染性疾病风险的因素。物质文明和精神文明的发展是一把双刃剑，正面效应和负面效应都是人类进化的必然结果。诚然，我们不能否认这些文明成果、历史的进步，但应该充分认识到这些因素给人类带来的消极影响，并能够采取措施减小或消除这些不利影响。

（1）经济、科技因素对青少年体力活动水平的制约作用

经济的发展使人类生活水平得到极大提高，膳食结构以及生活方式发生了变化，在饮食上更倾向于肉类等高热量、高脂肪食品，这种饮食习惯造成营养过剩或不均衡，再加上体力活动时间减少、学习压力增加，从而造成青少年超重率、肥胖率有上升趋势，给青少年健康带来严重威胁。经济水平对青少年体力活动水平的影响是毋庸置疑的，但我们不能通过降低经济水平来提升青少年体力活动水平，而只能通过健康教育、体育教育等方式让青少年认识到过多摄入能量的危害性，逐渐养成良好的饮食习惯。

科学技术发展的影响表现在交通、通信方式的改变上。特别是居住于城市的青少年，他们上学、放学不再采取走路或骑自行车的方式，更多地采取父母开车接送的方式，从而无形中减少了体力活动的能量消耗。电视、手机、游戏机等现代的娱乐方式给室外体育游戏、体育休闲娱乐等的运动娱乐方式带来前所未有的冲击，多媒体的娱乐方式取得较高的竞争优势，使得青少年的屏幕时间明显增多，并逐渐养成了静坐的行为方式。科学技术因素与经济发展因素一样，它们都对青少年的体力活动水平具有一定的制约作用，但科技、经济发展速度远远超越人类对它们的认识程度，有时甚至让人漠视这些因素的负面影响，青少年的体力活动时间在不知不觉中被侵占和剥夺。

(2) 制度因素对青少年体力活动水平的影响

社会制度是在一定的历史条件下形成的关于人们社会关系和社会行为的规范体系,其核心是价值标准与价值判断,组织规范体系和物资设备是制度的外在形式[①]。制度最一般的含义是要求大家共同遵守的办事规程或行动准则,是实现某种功能和特定目标的社会组织乃至整个社会的一系列规范体系。这些规则蕴含着社会的价值以及对价值的判断,反映了群体共同的意志。制度不仅可以制约、规范或促进个体或群体的行为,而且是影响价值观念的一个重要因素。比如,在现行的教育选拔体制下,学生仍然以获得高分、进入高等学府为荣;学校、教师、家庭等相关利益者群体紧紧围绕学生升学率开展工作,一切活动为学生的学习让道。他们更容易接受那些跟高考制度相适应的价值观念,在这种体制下,追求升学成为人们共同的目标。中国儒家"万般皆下品,唯有读书高"的价值观念是与中国古代的科举制度联系在一起的。在招聘用人的体制中,成绩优异、毕业于"985""211"高等学校成为首选的条件。如果取消考试选拔制度,政府和用人单位不把考试成绩作为选拔学生的一个主要标准,就可能会出现中国"文化大革命"时期所经历过的那种"读书不用功"和"读书无用论"的现象。

再比如我国曾经实行的计划生育制度。在这种制度下,大部分的家庭都只有一个孩子,独生子女受到前所未有的过度关爱。祖辈、父辈视孩子为"掌中宝",不愿意让孩子承受一点点压力和劳动之苦,尽可能为孩子提供丰富的营养食品,生怕孩子饿着或累着。家庭对孩子的过度关爱给学校的教育,特别是体育教育带来更重的负担,学校教师在教学或其他体力活动中不敢让孩子参与高强度的体育活动,一旦出现事故,学校、教师都将会承担较重的责任,有的学校甚至不让孩子在课间活动,以免受到意外的伤害。这些因素显然制约了学校体育教育的发展,孩子在受教育过程中,失去了体验多种多样体力活动的机会和高强度体力活动带来的身体感受,身体素质、心理和社会适应的发展都会受到不同程度的影响。

(3) 体育文化及价值观因素对青少年体力活动的影响

体育是一种社会文化现象已经得到广泛的认同,作为人类文化的组成部分,在内容上涵盖了物质文化、精神文化和制度文化,其核心的也是最为活跃的部分是精神文化,包括对体育的认识、体育价值观、体育道德观等[②]。从个体发展来

---

① 柴志明,冯溪屏. 社会学原理[M]. 杭州:浙江大学出版社,2005.

② 杨文轩,冯霞. 体育文化在社会主义精神文明建设中的地位和作用[J]. 体育学刊,2006,13(1):4-7.

看,人在参与体育的过程中,能够学习体育知识和文化,增强体育技能,通过各种运动形式、方法和手段满足运动的需求、健康需求、美的需求、交往的需求以及精神层面多样化的文化诉求。体育满足了人与人、人与环境之间关系建立的需要,同时增进了人对社会、自然、美与丑、善与恶、竞争与协作概念的认识。人人需要体育,青少年更是如此,体育的魅力也表现在它给人的精神带来的满足。从社会发展来看,体育文化是一种群体文化,是对青少年实施体育教育,促进其身心全面发展过程中形成的物质和精神的全部内容,对于激发青少年参与体育竞赛、提高竞争意识、提高体力活动水平以及促进健康发展具有积极的作用。学校在体育教育过程中,一方面要注重技术教学,增加体育知识的传授和人文关怀,始终坚持以人的发展为中心的体育价值观念;另一方面,要把体育文化建设和精神文明建设结合起来,创建良好的体育文化氛围,让青少年积极地参与到体育运动中来,体验到体育带来的各种价值。

3.3.6 青少年体力活动社会生态系统因子综合分析

通过对以上个体微观系统因子,中观系统的学校、家庭、社区、媒体子系统因子以及宏观系统因子的分析可知,青少年体力活动影响因子系统是复杂的、多层次的,每一层、每个因子的影响都不是孤立存在的。青少年的体力活动行为是一系列的个体、自然和社会因素相互作用的结果,也是青少年与环境复杂交互作用的产物,其中,个体因素对自身的体力活动行为起决定性作用,其他因素通过个体因素影响体力活动行为或直接对体力活动行为产生影响。

(1) 个体因子对青少年体力活动水平的决定性作用

社会认知理论(SCT)认为行为、个体、环境三者互为因果。自我效能(Self-efficacy)是社会认知理论中的重要概念,指个体对自己能否在一定水平上完成某一活动所具有的能力判断、信念或主体自我把握与感受。多项研究也表明主观自我效能对体力活动行为产生积极的作用[1][2]。Becker 的健康信念模型也强调

---

[1] 班杜拉. 思想和行动的社会基础——社会认知论[M]. 林颖,译. 上海:华东师范大学出版社,2001.

[2] Gregory J. Ryan, David A. Dzewaltowski. Comparing the relationships between different types of self-efficacy and physical activity in youth[J]. Health Education & Behavior, 2002, 29(4):491-504.

了个体态度、信念对体力活动行为的重要作用[①]。计划行为理论也充分论证了个体行为意向对行为表现的决定性作用[②]。所以,青少年自身的生理、心理、社会系统因素,对体力活动及其价值的认知水平,参与体力活动的兴趣、动机及态度,参与体力活动水平的素质和能力等个体因子决定了他们的体力活动行为是否有良好表现。

(2) 社会支持因子对青少年体力活动的促进作用

学校、家庭、社区、媒体系统与青少年日常生活息息相关,构成了青少年体力活动参与的环境。学校领导、教师、家长真正认识到日常体力活动、体育锻炼对青少年身心发展的作用,积极鼓励青少年参与体力活动,并能够以实际行动引领青少年进行体育锻炼,对于青少年的体力活动有着积极的促进作用。同时,学校要在体育场地建设、体育师资配备、体育器材购置、体育课程教学以及校园体育文化建设上充分考虑青少年体育活动的需求,不但保障他们参与日常体力活动的需要,而且要为他们的身体素质发展、运动技能学习、体育认知培养提供更多的帮助。家长更要支持学校的体育工作,支持孩子参与体育运动,尽可能为孩子提供参与运动的机会、资金。社区应提供良好的健身环境,建立运动友好型社区,积极建立社区体育俱乐部,为青少年提供校外参与体育锻炼的社会支持。媒体应积极宣传体力活动正面的积极作用,丰富青少年体力活动理论知识和技能,提高青少年体力活动认知水平和健康意识。学校、家庭、社区和媒体要对青少年体力活动提供广泛的社会支持,不仅包括提供硬件环境、软件环境支持,而且在行动上协同青少年一起参与体力活动。

(3) 宏观系统因子对青少年体力活动水平的制约作用

人类对自然资源疯狂的开发,造成自然环境的不断恶化,从而威胁着人类自身生存的环境。经济、科技发展不断地侵蚀着人类的体力活动,大量的体力活动被现代化的机器所代替,人类变得越来越不愿意运动,并可能进化成为遗传基因。人类体力活动水平的降低成为人类社会进步的"副产品"。这些自然的、社会的、消极的负面影响因子不可遏制地发展着,人类难以抉择取舍。

社会制度、文化、社会规范、社会价值观、群体和个体价值观等有形和无形的

---

① Marshall H. Becker. The health belief model and personal health behavior[J]. Health Education Monographs, 1974,2(4):287-312.

② Icek Ajzen. Theory of planned behavior[J]. Handbook of Theories of Social Psychology, 2011, 1(1):438.

因子互相联系在一起,一方面规约了人类的行为,另一方面通过各种形式制约着青少年体力活动水平。Emmons 构建了体力活动促进社会生态学模型(SEM)[①],详细阐述了"上行"的社会结构条件影响"下行"的体力活动行为的过程。政策因素处于模型的最远端,通过个体间因素和个体因素对体力活动行为产生影响;组织水平因素受到组织内外物理和社会环境的影响,对体力活动起着直接和间接的作用。Langile 在 Emmons 的 SEM 模型的假设前提下,以实证方式探索分析了 SEM 中外层的政策变量能够通过组织水平因素对学生的体力活动产生影响,但关键在于如何实施政策[②]。

(4) 青少年体力活动社会生态系统因子层次关系

综合以上各子系统影响因子的分析,笔者认为,影响青少年体力活动水平的因素是多层次的,每一层次又包括多种因素,各因素之间相互影响、相互制约,从而形成稳定的社会生态系统因子层次结构,制约着青少年体力活动水平。为了能更清晰地描述出多层次、多因子之间的关系及层次性,本研究采用日本管理大师石川馨先生发明的鱼骨图,较为详细地展示了制约青少年体力活动水平提升的各层次因子及因子之间的关系(如图 3-2)。

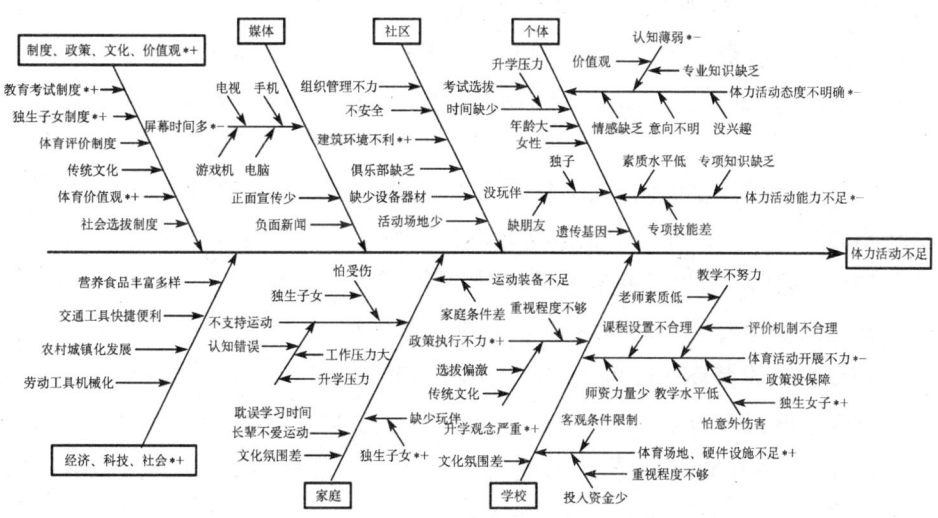

图 3-2 青少年体力活动不足影响因素鱼骨图

---

① K. Emmons. Health behaviours in a social context[M]. Oxford: Oxford University Press, 2000.

② J. L. Langille, W. M. Rodgers. Exploring the influence of a social ecological model on school-based physical activity[J]. Health Education & Behavior, 2010, 37(6): 879-894.

鱼骨图中的"鱼头"代表了青少年体力活动不足问题,"主骨"上的7条"大骨"代表了7个层次的因素,分别是个体,学校,家庭,社区,媒体,制度、政策、文化及价值观,经济、科技及社会。每根"大骨"上分别列出了"中骨"及"小骨"所分别代表的影响学生体力活动水平的各层次中、小原因。其中,个体层面主要包括:① 体力活动态度不明确,其中主要影响因素是学生对体力活动价值的认识存在问题,学生由于缺乏对专业知识的系统学习,不能充分认识和体验到参与体育锻炼对自身的价值,加上感知的运动障碍因素,使他们失去参与活动的热情,甚至产生厌恶情绪。② 体力活动能力不足。目前青少年普遍运动技能缺乏,主要原因是缺少专项理论的学习和技能的培养与锻炼,加上自身基本的身体素质和运动能力薄弱,使得专项学习遇到困难,更进一步阻碍了学习专项技能的积极性。③ 升学压力大。青少年学生面临着中考、高考的压力,课外大量时间被作业占用,不能抽出更多的时间参与体育锻炼。④ 缺少玩伴。由于独生子女政策的实施,几乎每个家庭都是一个孩子,他们没有兄弟姐妹,缺少玩伴,不愿意独自一人去锻炼。另外,个体的性别、年龄、遗传基因等生物学变量对他们参与体育锻炼也有一定的影响。女孩随着年龄增长比男孩更不愿意运动;随着年龄增长,参与运动的时间越少,越不愿意运动。

学校层面因素包括:① 学校体育活动开展不力,主要体现在体育课程教学水平低、体育课程设置不合理、体育教师评价机制不合理、学校怕学生受意外伤害以及师资力量匮乏上。② 体育场地、硬件设施不足,其制约因素表现在场地受到学校面积大小的限制、学校没有资金投入或不愿意进行投资。③ 政策执行不力。主要原因是固有的升学观念。学校永远把学生的升学考试放在第一位,有时为了增加学生的学习时间,甚至不惜占用学生的体育课堂和课外体育活动时间。学校领导对于学校体育的不够重视,导致了学校在体育文化氛围、体育教学、体育环境改善等方面工作滞后,严重影响了学生体育锻炼水平。

家庭层面因素包括:① 家庭不支持孩子参与体力活动,特别是过于强烈的体育活动,一是害怕孩子受伤,二是害怕占用孩子过多的学习时间,影响到孩子的学习。另外,几乎每个家庭都是一个孩子,父母、祖父母视孩子为"掌中宝",无微不至地照顾孩子,生怕孩子受累受苦,在体力上不愿意为孩子造成过多负担,从而无形中减少了孩子的体力活动量。② 家庭运动装备不足。条件困难的家庭没有多余的资金为孩子购买体育器材,让孩子接受运动项目技能培训;条件好的家庭,由于对体力活动的认识不足,不愿意给孩子添置运动装备,甚至阻碍孩子参与运动。③ 长辈不爱运动。父母愿不愿意运动对于孩子参与运动很重要,愿意运动的父母会在周末、节假日期间带孩子一起进行体育休闲和娱乐,或者到郊外去郊游,或者一起去打一场球等,而不愿意运动的父母可能更愿意待在家里与孩子一起看电视、打游戏,严重降低了孩子周末和节假日的体力活动水平。

媒体的影响主要表现在青少年屏幕时间越来越多,电视、手机、电脑等多种媒体占用了大部分的课余时间,不仅对他们的视力产生重要影响,而且使他们的体力活动量越来越少。另外,一些负面的体育锻炼新闻元素也会对青少年的体力活动认知产生影响,比如长跑运动猝死事件、运动伤害事件等。

学校、家庭、社区和媒体系统构成青少年可直接接触的环境系统,其中有些因素对青少年体力活动起到直接的推动或阻碍作用,而有些因素通过对青少年个体生理、心理、能力等方面产生影响,从而对体力活动产生间接的影响。这些因素当中有些是人为因素,包括家长、朋友、兄弟姐妹、老师,他们为青少年提供了参与体力活动的社会支持,而有些因素是物理因素,包括场地、器材、资金等,从组织、社区层面上为青少年参与体育锻炼提供硬件保障。政策制度、经济、科技、文化等社会因素构成了青少年体力活动"上行"的社会结构条件,处于模型的最远端,通过学校、家庭、社区等个体间因素和个体因素对体力活动行为产生影响,组织、社区层面因素受到组织内外物理和社会环境的影响,对体力活动起着直接和间接的作用。

3.4 本章小结

本章基于社会生态系统理念构建了青少年体力活动生态系统,分别探讨了个体微观系统、中观系统、宏观系统因子及其对体力活动产生的影响,详细分析了个体微观系统因子、中观系统因子以及宏观系统因子之间的层次关系,通过鱼骨图展示了体力活动不足问题产生的根源。体力活动行为主要决定于个体因素,但受到环境的重要影响。学校、家庭、社区及媒体不仅可以为青少年体力活动行为提供软硬件环境,促使学生参与更多的体育运动,而且可以在人际关系上给予支持,增强青少年参与运动的自我效能。我们把个体层的心理及社会心理特征(体力活动认知、态度、价值观、动机、自我效能等)以及生物学统计变量(性别、年龄等)称为个体层因子,家长、老师以及朋友的鼓励、帮助与共同参与称为人际关系层因子,学校、家庭、社区软硬件环境(包括制度、教育、场地等)称为社区组织层因子。三类影响青少年体力活动的因子具有层次性,而且相互交织在一起,具有一定的关系。体力活动促进就是要诊断这些因子及交互作用对青少年体力活动带来的影响,从而制订不同层次因子的干预方案,通过项目管理与实施改善青少年体力活动行为方式。青少年体力活动社会生态系统的建立为诊断评价不同层面因子,进一步设计、开发和实施科学的体力活动促进项目提供了重要依据。

第4章 我国青少年体力活动社会生态系统因子结构模式实证分析

上一章基于社会生态理论视角探讨了影响青少年体力活动水平的个体微观系统、中观系统及宏观系统因子以及它们之间的相互作用关系。影响因素的多层次性和动态复杂性,为进一步实证分析因子之间的相互作用及其对体力活动的影响带来一定的困难,试图考虑分析全部因素的作用机制,显然是不现实的。在国内外已有的实证研究中,有的基于个体行为改变理论视角建立相关假设,通过调查或干预实验的方式验证个体水平因素对其体力活动产生的影响。有的研究基于人际关系水平行为改变理论,考虑到环境、行为及个体之间的交互作用,实证分析环境、行为及个体因子之间的关系。随着研究的不断深入,特别是社会生态学模型的引入,研究者不断增加变量,试图通过实证手段探索多层次因子之间的交互作用,但目前国内外这类研究并不多见。笔者认为,远端的政策、制度、文化、价值观以及经济、科技、社会对青少年体力活动的影响是毋庸置疑的,而且有些因子确实也是至关重要的,甚至从根本上制约青少年体力活动促进实践,比如高考制度、独生子女制度等。但是如果消除这些制度,又会带来其他社会危害,这些制度所带来的影响不可能短期内消除。另外,阻挡经济、科技高速前进的车轮,让青少年脱离现代手机、电脑、电视等现代化设备和媒体,显然也是不现实的。而我们能够做到的是尽量减少制度、经济、科技等所带来的负面作用,从个体、学校、家庭、社区和媒体入手,通过干预这些个体微观、中观及宏观系统因子,阶段性实现青少年体力活动水平的提高。所以,探索这些不同层次系统因素之间的作用及其对体力活动水平的影响,找出关键的制约因素仍然需要更多的实证研究。在本章中,将采用问卷调查的方法,从青少年感知的体力活动影响因素入手,分析青少年对于个体体力活动动机、体力活动自我效能、体力活动认知、体力活动社会支持、学校的体育教育等方面的自我认识状况,运用探索性因子分析和验证性因子分析的统计方法,构建青少年体力活动社会生态系统因子结构模型,实证探索个体层面、人际关系层面以及组织社区层面各生态系统因子之间的关系,并进一步为青少年体力活动促进项目设计、开发以及促进模式的建立提供科学依据。

4.1 调查对象及量表设计

4.1.1 调查对象

按照分层整群抽样准则从江苏省镇江市中抽取城市和乡村小学、初中、高中各一所,按年级分层,分别从五年级、六年级、初中各年级、高中各年级中抽取男、女生各50名以上在读学生,总计发放问卷2 000份,回收1 860份,回收率93%,在回收问卷中,有效问卷1 780份,有效率为96%,样本分布如表4-1所示。

表4-1 有效样本分布

年级	城市		乡村		合计
	男生	女生	男生	女生	
五年级	61	53	58	66	238
六年级	49	59	55	53	216
初一	59	58	65	52	234
初二	53	51	53	60	217
初三	53	61	53	57	224
高一	61	58	42	40	201
高二	53	54	59	57	223
高三	59	58	51	59	227
合计	448	452	436	444	1 780

4.1.2 量表制作

根据社会生态系统理论内容,并主要参考体力活动相关影响因素调查问卷,从个体层面、人际关系层面、组织社区层面初步设计学生感知体力活动影响因素量表,总计60个测量题目。个体层面题目回答和计分采用里可特5级评分方式,分"完全不同意""不同意""不太同意""同意""非常同意"五个水平选项,分别计分为1、2、3、4、5,获取学生对各层面各因素的体验程度。通过专家调查法对问题的内容、问题的安排以及提问方法进行修正,删除不合理题目,最终获取49个问题。为了确保问题得到学生更好的理解,分别请小学、初中及高中各一位语文教师对问题进行了润色。

4.1.3 量表发放、回收与筛选

江苏省学生体质测试期间,研究组培训了6名研究生,分别到镇江6所学校进行了问卷的发放与回收。根据江苏省教育厅体卫艺处的要求,把这次调查作为体质测试的一项任务下达到参与的学校,在6位调查员的指导下进行了现场填写与回收。问卷回收以后,把7道题以上未作答的问卷进行剔除,最终保留有效问卷1 780份,有效率96%。然后,根据研究要求,把有效问卷按同一学校、年级、性别随机分成2组,其中一组890个个案用于探索性因子分析,探索因素的主成分,另一组用于验证性因子分析,验证青少年体力活动社会生态系统因子结构模式的适配度。

4.1.4 项目分析

首先,计算量表各题项的总分,总分73分以上的记为高分组,27分以下的作为低分组;然后,对每个题项按高分组和低分组进行独立样本t检验,删除统计检验结果不显著的题项,保证各项目具有较高的区分度。

4.1.5 探索性因子分析

运用SPSS 18.0主成分分析方法,提取主要因子和筛选题目。采用KMO系数和Bartlett's球形检验指标考查主成分分析的适当度。采用方差最大化正交旋转,寻找独立潜在因子。剔除题项的原则有:因子载荷值小于0.5、主成分题项少于3个、在2个以上主成分上因子载荷值较高。

4.1.6 验证性因子分析

对探索性因子分析结果获得的因子进行命名,并作为一阶因子。把个体层面、人际关系层面、组织社区层面作为二阶因子,理论构建一阶、二阶因子之间的结构模式,确立因素之间的路径关系。采用Amos 18.0对另一组890份问卷数据进行处理,验证建构模式的适配度。

4.2 结果与分析

4.2.1 探索性因子分析结果

KMO=0.954,Bartlett's 球形检验结果 $\chi^2 = 17\,680.8$,$d_f = 595$,$p < 0.000\,1$,说明各题目相关矩阵有共同因子存在,比较适合进行因子分析。多次进行筛选和主成分运算后,剩下 35 个题项。按照特征值大于 1 的条件提取 6 个主成分,解释了所有变量 62.62% 的方差。各题项、因子与因子载荷见表 4-2。

所有题项隐含 6 个主要共同因子,其中第一因子($F1$)包含 9 个题项,测量了受试者对体育运动价值认识、自我感知运动能力以及参与锻炼的态度,由此,命名为"体力活动认知",其贡献率为 15.8%;第二个因子($F2$)包含 7 个题项,测量了父母对孩子体育运动的支持和同伴的支持,因此,为该因子命名为"父母同伴支持",其贡献率为 12.5%;第三个因子($F3$)包含 7 个题项,主要测量了学校、社区、家庭、体育、硬件设施和体育运动环境,因此,为该因子命名为"学校社区环境",其贡献率为 10.1%;第四个因子($F4$)包含 4 个题项,主要从学生对学校体育教师的认可程度,反映学校的师资力量情况,由此,为该因子命名为"体育师资",其贡献率为 8.80%;第五个因子($F5$)包含 5 个题项,测量了学校班主任等教师对学生体育运动的支持程度,因此命名为"教师支持",其贡献率为 8.43%;第六个因子($F6$)包含 3 个题项,测量了学校体育活动开展的情况,因此,为该因子命名为"学校体育活动",其贡献率为 6.99%。

表 4-2 主因子载荷及因子命名

因子	题 项	负荷	方差贡献(%)
体力活动认知 F1	41. 我感觉体育活动能使我开朗、快乐、自信	0.79	15.8
	42. 参加体育活动可以劳逸结合,有利于提高文化课的学习效率	0.74	
	43. 通过参加体育活动,我认识了好多朋友	0.72	
	44. 我上体育课非常认真	0.71	
	40. 我认为体育活动对于促进我的体质健康非常有好处	0.71	
	45. 每天的大课间活动、课外体育活动我都积极认真地参加	0.67	
	46. 我的身体素质、运动能力还可以	0.67	
	47. 学校里的各种体育活动或体育比赛我都会积极参加	0.64	
	39. 我认为体育课与语文、数学、外语等课同等重要	0.59	

第4章 我国青少年体力活动社会生态系统因子结构模式实证分析

续表

因子	题项	负荷	方差贡献(%)
父母同伴支持 F2	21. 我经常和父(母)一起进行体育锻炼	0.79	12.5
	20. 我的母亲喜欢参加体育锻炼	0.75	
	19. 我的父亲喜欢参加体育锻炼	0.73	
	24. 我和我父母会经常参加小区(社区、村)里的各种体育活动	0.73	
	22. 我的父母经常督促并积极支持我参加体育活动	0.63	
	23. 如果我参加校内外的各种体育比赛或表演活动,父母一定会到场	0.65	
	18. 我的好朋友中大多数人喜欢参加体育活动	0.5	
学校社区环境 F3	2. 我家附近的体育场(馆)能满足我在校外的体育活动需求	0.75	10.1
	3. 我家里的体育装备(器材、服装等)能满足我的体育活动需求	0.7	
	4. 我能获得足够的钱来支付我要参加的体育活动所需要的费用	0.66	
	8. 我所居住的小区(社区、村)里或附近有许多健身社团组织可供参加	0.57	
	5. 我的学校里有多个课外体育俱乐部或兴趣小组可以供我自由选择参加	0.59	
	9. 在过去的一年中,我至少报名参加了一期课外体育培训班	0.58	
	10. 我学校里的体育场(馆)、器材能满足我在校期间的体育活动需求	0.52	
体育师资 F4	30. 我的体育老师的运动技术水平很好,让同学们很钦佩	0.76	8.80
	31. 我的体育老师的体形很好	0.77	
	32. 我非常喜欢我的体育老师	0.73	
	29. 我的体育老师上体育课时非常认真	0.69	
教师支持 F5	27. 我的班主任喜欢参加体育活动	0.75	8.43
	28. 我的班主任经常与学生一起参加体育活动	0.72	
	26. 我的班主任会经常鼓励和支持我们参加体育活动	0.58	
	34. 我经常见到我们学校的老师们参加体育活动	0.57	
	36. 老师们对体育成绩突出的同学与语文成绩突出的同学同等赞誉	0.54	
学校体育活动 F6	13. 我们学校每年至少组织一次全校运动会	0.67	6.99
	10. 我们学校里的体育课程都能正常上,很少被其他课程或活动挤占	0.65	
	11. 我们学校每天都有组织得较好的大课间活动	0.64	
	合计		62.62

4.2.2 验证性因子分析结果

根据社会生态系统理论观点,青少年体力活动行为相关因素是多层次、多方面的,各层面及各因子之间存在交互作用,从而对青少年参与体力活动产生影响。首先,青少年正确的体育运动价值观、对自身感知的运动能力及获得的体育运动知识、技能等个体因素直接决定了青少年是否倾向于主动参与体育锻炼、养成良好的体力活动行为,这些与个体本身相关的影响因素被称为个体层面因子。其次,青少年正处于生长发育时期,特别是在 14 岁以前,还不完全具备成年人的逻辑思维和推断能力,并不能清醒地认识到当前的体力活动行为会给将来的体质健康带来的益处和价值,他们的体力活动行为更易受到教师、家长、同学的影响,有时特别依赖于老师和家长在行动、语言、经济等方面的支持和鼓励,这些体力活动社会支持因素共同构成了体力活动人际关系层面的因子。最后,青少年学生处于受教育阶段,毋庸置疑,学校发挥着体育教育的主要职能,学生体育运动知识的获得、体育认知水平、对体育活动的态度、价值观、运动技能的获得以及体育锻炼习惯的养成,受到学校师资力量、体育课程、体育活动、体育设施、体育器材、体育场地等软硬件环境的影响。同时,学校之外,家庭和社区的体育环境也制约着学生放学后的体力活动水平。社区安全、社区和家庭的体育锻炼设施、社区的体育组织及体育锻炼的氛围等都影响学生课后、周末、假期的身体活动,这些在学校、社区、家庭层面影响学生体力活动行为的因素构成了组织社区层面的因子。

以个体层面因子、人际关系层面因子、组织社区层面因子为二阶因子,探索性因子分析抽取的 6 个主成分中,"体力活动认知"直接作为个体层面因子,"教师支持""父母同伴支持"两个因子作为人际关系层面的一阶因子,"学校体育活动""体育师资""学校家庭社区环境"三个因子作为组织社区层面的一阶因子,采用 Amos 17.0 软件,运用 890 份有效样本数据进行验证性因子分析,建立青少年体力活动社会生态系统因子结构模式路径图,如图 4-1 所示。

第4章 我国青少年体力活动社会生态系统因子结构模式实证分析

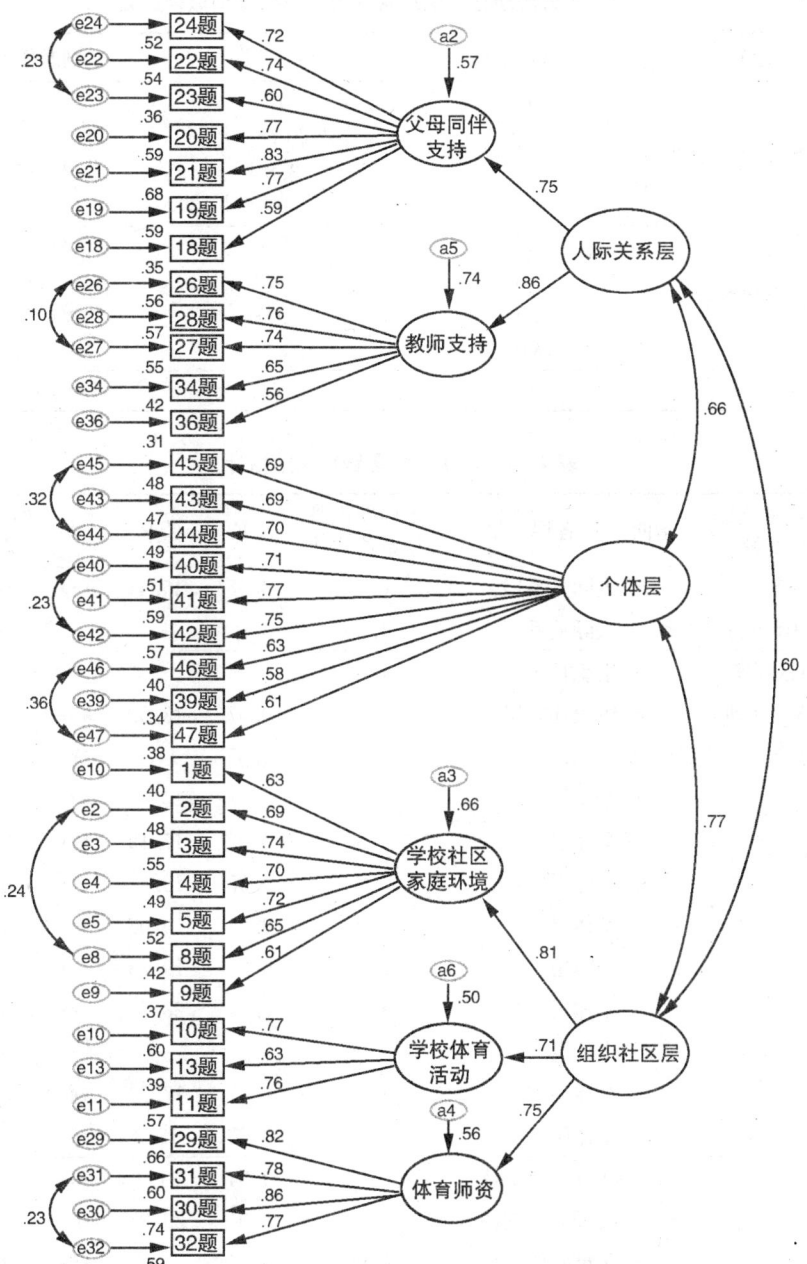

图4-1 青少年体力活动社会生态系统因子结构模式二阶因子路径关系及参数估计

模型的拟合指标、分析结果和判断值,以及最优模型各路径系数估计的结果,见表4-3、表4-4。

表 4-3 体力活动社会生态系统因子结构模型拟合结果

指标分类	拟合指标	分析结果	判断值
卡方检验与 p 值	DF	540	—
	χ^2	2 066	—
	χ^2/DF	3.8	2~3
	p	0	—
适合度指数	IFI	0.908	>0.9
	NFI	0.879	<0.9
	CFI	0.907	>0.9
	RMSEA	0.056	<0.08
残差分析	SRMR	0.063	<0.08

表 4-4 最优模型各路径系数估计

一阶因子及显变量	指向	各层变量	未标准化路径系数估计	S.E.	C.R.	p	标准化路径系数
教师支持	<—	人际关系层	0.82	0.05	15.41	***	0.89
父母同伴支持	<—	人际关系层	1.00	—	—	—	0.76
学校社区环境	<—	组织社区层	1.00	—	—	—	0.82
学校体育活动	<—	组织社区层	1.01	0.07	13.52	***	0.70
体育师资	<—	组织社区层	1.03	0.07	14.8	***	0.75
$x39$	<—	个体层	0.92	0.06	15.44	***	0.56
$x40$	<—	个体层	0.80	0.05	17.12	***	0.64
$x41$	<—	个体层	0.98	0.05	18.81	***	0.69
$x42$	<—	个体层	1.01	0.05	19.08	***	0.70
$x43$	<—	个体层	1.25	0.07	19.23	***	0.70
$x44$	<—	个体层	1.01	0.04	23.75	***	0.73
$x45$	<—	个体层	1.00	—	—	—	0.73
$x47$	<—	个体层	1.16	0.07	17.73	***	0.65
$x46$	<—	个体层	1.00	0.06	18.3	***	0.67
$x19$	<—	父母同伴支持	0.90	0.04	21.1	***	0.75
$x21$	<—	父母同伴支持	1.04	0.04	23.37	***	0.83
$x20$	<—	父母同伴支持	0.96	0.05	21.1	***	0.75
$x22$	<—	父母同伴支持	0.88	0.04	21.07	***	0.74
$x23$	<—	父母同伴支持	0.80	0.04	19.38	***	0.61
$x24$	<—	父母同伴支持	1.00	—	—	—	0.73
$x18$	<—	父母同伴支持	0.58	0.04	16.79	***	0.59

续表

一阶因子及显变量	指向	各层变量	未标准化路径系数估计	S.E.	C.R.	p	标准化路径系数
$x28$	<—	教师支持	1.09	0.06	18.84	***	0.72
$x27$	<—	教师支持	1.06	0.05	21.31	***	0.72
$x26$	<—	教师支持	1.00	—	—	—	0.70
$x34$	<—	教师支持	0.96	0.06	17.6	***	0.67
$x36$	<—	教师支持	0.95	0.06	15.28	***	0.57
$x32$	<—	体育师资	1.11	0.05	24.48	***	0.77
$x31$	<—	体育师资	1.01	0.04	24.79	***	0.78
$x30$	<—	体育师资	1.10	0.04	28.45	***	0.86
$x29$	<—	体育师资	1.00	—	—	—	0.81
$x3$	<—	学校社区家庭环境	1.49	0.08	17.94	***	0.74
$x2$	<—	学校社区家庭环境	1.38	0.08	16.95	***	0.69
$x1$	<—	学校社区家庭环境	1.00	—	—	—	0.63
$x4$	<—	学校社区家庭环境	1.48	0.09	17.11	***	0.70
$x5$	<—	学校社区家庭环境	1.57	0.09	17.54	***	0.72
$x8$	<—	学校社区家庭环境	1.49	0.09	16.07	***	0.65
$x9$	<—	学校社区家庭环境	1.50	0.10	15.35	***	0.61
$x11$	<—	学校体育活动	1.03	0.05	19.31	***	0.76
$x13$	<—	学校体育活动	0.77	0.05	16.64	***	0.63
$x10$	<—	学校体育活动	1.00	—	—	—	0.77

注：*** 表示 $p<0.001$。

结果显示：

① 各潜变量和测量指标间的因素负荷值都在 0.56～0.86，且具有统计学意义（$p<0.01$）。

② 各模型适合度指标基本满足标准的要求[①]，$RMSEA=0.056$，$NFI=0.879$，$CFI=0.907$，$IFI=0.908$。

③ 各二阶因子和一阶因子间以及二阶因子之间的路径系数大于 0.62。

从数据运行结果看，各拟合度指标满足模型标准要求，基本能够较好拟合理论模式，测量模型各因子与测量指标的因子载荷与探索性因子分析结果基本一致，同时也表明量表达到了较高的结构效度。

[①] 侯杰泰，温忠麟，成子娟. 结构方程模型及其应用[M]. 北京：教育科学出版社，2004.

4.2.3 各阶因子得分差异比较

调查数据按年级进行分类,分小学段、初中段和高中段三个学段。每个潜在主成分因子包含的各题项得分加和以后取平均值,获得一阶因子得分;一阶因子得分进行加和运算取平均值,获得二阶因子得分。采用单因素重复测量的方差分析统计方法对各阶因子得分进行对比分析。

(1) 一阶因子得分情况

从各一阶因子的得分情况来看(见表4-5),学生对于自身体力活动认知、体育师资和学校体育活动的开展的认可程度处于较高水平,平均分值达到4分以上,而对于社会支持因子、环境因子方面的认可程度相对较低,处于"同意"水平以下,不同学段呈现同样规律。

采用单因素重复测量方差分析的方法对一阶因子得分进行比较,结果是,除 $F2$、$F3$ 得分差异不显著外,其余两两因子之间得分差异具有统计意义($p<0.05$)。因子得分排序为:学校体育活动 $F6>$ 体力活动认知 $F1>$ 体育师资 $F4>$ 教师支持 $F5>$ 父母同伴支持 $F2>$ 学校家庭社区环境 $F3$。小学段 $F1$ 与 $F6$ 之间、$F2$ 与 $F3$ 之间差异不显著,其余两两之间得分差异显著($p<0.05$),因子得分排序为:体育师资 $F4>$ 体力活动认知 $F1>$ 学校体育活动 $F6>$ 教师支持 $F5>$ 父母同伴支持 $F2>$ 学校家庭社区环境 $F3$。初中段除 $F1$ 与 $F4$ 之间、$F2$ 与 $F3$ 之间差异不显著,其余两两之间得分差异显著($p<0.05$),因子得分排序为:学校体育活动 $F6>$ 体力活动认知 $F1>$ 体育师资 $F4>$ 教师支持 $F5>$ 学校家庭社区环境 $F3>$ 父母同伴支持 $F2$。高中段两两因子得分差异显著($p<0.05$),因子得分排序为:学校体育活动 $F6>$ 体力活动认知 $F1>$ 体育师资 $F4>$ 教师支持 $F5>$ 父母同伴支持 $F2>$ 学校家庭社区环境 $F3$。

在学校体育活动的认可程度上,高中和初中的学生明显高于小学;小学段学生对体育教师认可水平比初、高中学生要高;在父母同伴及教师等社会支持因子得分上,初、高中学生比小学生的认可程度要高。其他各因子在各学段上的平均得分之间没有显著差异。

表 4-5 一阶因子得分($\bar{x} \pm s$)

	体力活动认知因子 F1	父母同伴支持因子 F2*	学校社区家庭环境因子 F3	体育师资因子 F4*	教师支持因子 F5	学校体育活动因子 F6*	
小学	4.24±0.64	3.46±0.91	3.44±0.86	4.33±0.69	3.80±0.82	4.17±0.83	*
初中	4.16±0.58	3.55±0.83	3.59±0.78	4.12±0.65	3.91±0.68	4.31±0.56	*
高中	4.24±0.54	3.62±0.83	3.56±0.85	4.05±0.73	3.92±0.70	4.29±0.68	*
总计	4.21±0.58	3.56±0.85	3.54±0.83	4.15±0.70	3.89±0.73	4.27±0.68	*

注：* 表示 $p<0.05$，** 表示 $p<0.01$。

(2) 二阶因子得分

单因素重复测量方差分析结果显示(见表 4-6)，学生在不同层面的因子得分存在显著差异($p<0.01$)，学生在个体层平均得分最高，达到 4.21，其次是组织社区层因子，平均得分为 3.99，人际关系层因子的得分最低，平均为 3.72。不同学段二阶因子排序与总体排序一致，两两之间存在显著差异($p<0.01$)。

不同学段的学生在人际关系层面的得分具有显著差异性($p<0.05$)，初、高中段学生得分高于小学段学生得分，其他两个层面的得分在各学段上无显著差异。

表 4-6 二阶因子得分($\bar{x} \pm s$)

学段	人际关系层因子*	组织社区层因子	个体层因子
小学段	3.63±0.77	3.98±0.65	4.24±0.64**
初中段	3.73±0.67	4.01±0.54	4.16±0.58**
高中段	3.77±0.69	3.97±0.62	4.24±0.54**
总计	3.72±0.70	3.99±0.60	4.21±0.58**

注：* 表示 $p<0.05$，** 表示 $p<0.01$。

4.2.4 量表的信度

根据探索性因子分析和验证性因子分析，剔除了一些变量以后，6 个一阶因子以及 3 个二阶因子的结构关系得到了验证，比较符合理论的构想，6 个主成分解释了所有可测变量的方差百分比为 62.62%。为进一步确保量表的科学性，我们分别对各主成分所构成的分量表以及总量表的一致性信度进行计算，各分量表与总量表的信度水平见表 4-7：一阶因子分量表的信度系数，除了学校体育活动(0.767)以外，其他分量表信度都达到 0.8 以上，二阶因子量表的信度系数都达到 0.9 以上，总量表信度系数为 0.95。量表达到较高一致性信度水平。

表 4-7 各阶因子分量表与总量表信度系数

二阶因子	一阶因子	一阶因子量表信度	二阶因子量表信度	总量表信度
人际关系层	父母同伴支持	0.892		
	教师支持	0.819	0.904	
个体层	体力活动认知	0.905	0.905	0.95
	学校家庭社区环境	0.840		
组织社区层	学校体育活动	0.767	0.927	
	体育师资	0.886		

4.3 讨论

4.3.1 青少年体力活动影响因素

本研究基于社会生态系统理论的观点，设计影响青少年体力活动的社会生态系统因子调查问卷，通过调查获得青少年对各层因素的认可程度。运用探索性因子分析抽取 6 个潜在因子，分别是体力活动认知因子、父母同伴支持因子、教师支持因子、体育师资因子、学校家庭社区环境因子以及学校体育活动因子，涵盖 35 个题项。运用验证性因子分析进一步实证分析了青少年体力活动社会生态系统因子结构关系模式的适配度，明确各层因子之间的关系强度，确立了问卷的结构有效性。

青少年体力活动水平受到个体层、人际关系层、组织社区层因子的影响，各层因子之间存在着交互作用关系。调查结果表明，青少年在个体层因子以及学校体育活动因子层的认可程度较高，反映了目前镇江市学校基本上能够按照所在地区主管部门要求开足、开齐体育课，开展大课间体育活动以及课外体育活动。青少年普遍具有体育锻炼的价值认识，也相信体育锻炼为自身健康、学业成绩以及人际交流等方面带来益处，参与体育运动的态度也是积极的，体育课堂教学、大课间体育活动以及课外体育活动的有效时间满足每天 1 小时的要求，而且每天中度及中度以上强度活动的时间达到青少年体力活动标准的要求，但仍然存在体力活动不足的现状。

对于学校体育来说，学校体育教育的价值体现在增强学生对体育的认知能力,让学生掌握能够参与体育锻炼的多种运动技能,并为学生体力活动提供良好的软硬件条件、文化氛围和有效的体力活动时间,同时,联系家庭、社会参与到学生的健康教育中,充分引导和支持青少年课外体育锻炼。所以,要使青少年的体力活动达到国家和国际标准,必须切实建立学校、家庭、社区、媒体等一体化的社会参与机制,建立健全青少年体力活动促进组织,开展综合的系统的干预项目,并进行有效的管理。

但从人际关系层面和学校社区环境层面的调查结果发现,不同学段学生对于父母、同伴、班主任老师的支持以及环境因子等方面的因素的认可度相对较低。由此看来,长期以来所倡导的"学校、家庭、社区三位一体化"的健康教育模式仍停留于理论研究阶段,在传统的教育观念和升学制度下,学校、家庭仍然把孩子的学业成绩放在第一位,课外作业、电视、电子游戏、现代交通工具等因素侵占了学生们课外参与体育锻炼的时间,青少年很少有机会参与家庭、社区体育活动,家庭和社区也缺乏相应的社会支持。

4.3.2 青少年体力活动社会生态系统因子结构关系

青少年体力活动社会生态系统因子结构模式中最基本的生态因子是个体层因子、人际关系层因子和组织社区层因子,根据社会生态系统理论的观点,这些因子构成了影响青少年体力活动的社会生态微观系统、中观系统和宏观系统。微观系统由个体生理、心理和社会因素构成;中观系统由青少年成长发展过程中直接接触到的环境因子以及它们之间的彼此联系和交互作用构成,比如学校、家庭、社区、媒体等;宏观系统由那些个体并未参与其中,但对个体产生作用的环境系统以及政策、制度和意识形态因子构成,比如父母工作环境、社区健康服务系统等,这些系统虽不能直接对发展中的个体产生影响,但可以通过个体发展的直接环境系统对个体产生影响。因此,青少年体力活动生态系统具有层次性,各因子之间具有一定的结构关系,外层的因子对青少年体力活动的影响更多的是间接的,微观系统因子及与中、宏观系统交互作用对于青少年体力活动个体层因素具有直接的影响作用,验证性因子分析的结果也充分证实了这一理论观点。从测量模型来看,各一阶因子包含了关系较高的题项,且各因子在所包含的各题项上具有较高的路径系数。二阶因子聚合了具有共同属性的一阶因子,二阶因子相互之间具有较高的相关关系,模型具有良好的适配度。

青少年体力活动促进不仅需要建立学校、家庭和社区联动机制,而且更加需要发挥全社会的力量,让更多的社会群体参与进来,共同促进青少年身体健康发展。学校理应发挥学生体力活动促进的核心作用,家庭和社区则积极提供更多的社会支持。不可否认,青少年体力活动受到社会自然环境、社会文化价值系统、道德系统、制度系统等更高层次外部环境的影响,每个国家在青少年的健康问题上,都应当而且必须制定相应的体育政策、法律和法规,保障每个人运动的权利,并不断地通过改善全社会环境,营造有利于促进青少年体力活动的氛围。

4.4 本章小结

青少年体力活动影响因素具有层次性,主要分为个体层、人际关系层、组织社区层,各层次因子对体力活动的影响及影响机制不同。探索性因子分析及验证性因子分析的结果,证实了青少年体力活动社会生态系统因子结构模式的适配度。个体层因子包含个体体力活动知识、信念、价值观、态度以及自我效能等,是青少年能够积极参与体力活动的促成剂;人际关系层因子包含了父母、同伴、学校教师等的支持,是支持青少年长期锻炼的强化剂;组织社区层因子包含了学校与社区体育场地、设施可达性、学校体育活动及相关物理环境变量,是实现青少年体力活动行为改变的条件和资源。

青少年体力活动促进需要全社会共同参与。国家要制定公共政策,保障青少年体力活动的权益,营造良好的体育锻炼社会环境;学校、家庭、社区以及媒体建立协同机制,为青少年提供更多的锻炼机会和强有力的社会支持。由此,在理论上需要建立青少年体力活动促进的理论模式,在实践上需要进一步探索青少年体力活动促进实施的框架。

第5章 青少年日常体力活动状况研究
——基于江苏省学生的调查

上一章实证分析了影响青少年体力活动的个体层、人际关系层、组织社区层因子之间的结构关系，目的是探索各层次因子及其之间的交互作用对青少年体力活动的影响。本章以及下一章的研究将进一步对江苏省青少年体力活动和影响因素进行调查，一方面，详细了解江苏省青少年身体活动状况；另一方面，验证影响因素与体力活动之间的关系。本章主要通过调查法获取江苏省13个地级市9～17岁青少年体力活动数据，分别从总体体力活动状况、不同性别体力活动状况、不同地区体力活动状况以及城乡青少年体力活动区别等几个方面进行描述与分析。统计分析指标为日常体力活动时间（Physical Activity Time，以下简称PAT）和能量消耗（Expenditure of Energy，以下简称EE）。

5.1 研究对象和方法

5.1.1 研究对象

以江苏省13个地级市的中小学生（9～17岁）日常体力活动量为研究对象，调查样本分布在13个市，男生2 486人，女生2 645人，累计5 131人。基本情况如表5-1所示。

表5-1 调查对象来源情况一览

市名	男	女	合计	百分比
徐州	399	404	803	15.65%
南通	63	64	127	2.47%
苏州	313	323	636	12.39%
常州	104	170	274	5.34%
南京	59	56	115	2.24%

续表

市名	男	女	合计	百分比
无锡	91	97	188	3.66%
镇江	402	405	807	15.73%
扬州	401	410	811	15.81%
宿迁	132	132	264	5.15%
连云港	217	243	460	8.97%
淮安	72	69	141	2.75%
盐城	72	90	162	3.16%
泰州	161	182	343	6.68%
合计	2 486	2 645	5 131	100.00%

5.1.2 研究方法

(1) 文献资料法

查阅近十年的与体力活动相关的中文和外文文献,了解体力活动的研究现状与进展情况,为本研究提供丰富的理论基础。

(2) 问卷调查法

本次调查采用青少年日常体力活动问卷(CLASS-C),调查青少年体力活动水平。该调查问卷是由澳大利亚迪肯大学设计,后来由香港中文大学翻译修订,并进行了信度与效度验证[①]。而后上海体育学院李海燕博士结合我国内地中学生情况又重新进行了修订,各类活动能量消耗信度达标0.8以上,不同强度能量消耗与便携式运动传感器所测能量消耗相关度处于0.31~0.48[②]。然后采用专家调查法验证问卷的有效性。问卷的发放和回收在江苏省学生体质健康测试期间完成,最后根据各种体力活动能量消耗的MET赋值计算每周高强度体力活动(Vigorous Intensity Physical Activity,简称VPA)和中等强度体力活动(Moderate Intensity Physical Activity,简称MPA)的能量消耗。计算公式为:每周高强度体力活动能量消耗=MET赋值×每天高强度体力活动时间×每周

---

① 黄雅君,王香生.香港小学生体力活动水平的评价:问卷法的信度与效度研究[C]//中国体育科学学会.第八届全国体育科学大会论文摘要汇编.2007:157.

② 李海燕.上海市青少年日常体力活动测量方法的研究与应用[D].上海:上海体育学院,2010.

高强度体力活动天数;每周中等强度体力活动能量消耗计算公式同每周高强度体力活动能量消耗计算公式;每周总体力活动能量消耗=每周高强度体力活动能量消耗+每周中等强度体力活动能量消耗。由于运动能量消耗与BMI呈正相关[①],因此本研究中的能量消耗值均为单位体重的能量消耗值,单位体重能量消耗=能量消耗/体重。

(3) 数理统计法

采用社会科学统计软件SPSS 22.0和Excel 2013对调查数据进行整理和处理,平均数、标准差被用于进行研究对象的描述性统计,研究对象之间的比较采用t检验,率值之间的比较采用卡方检验。设定显著性水平$\alpha=0.05$。

5.2 结果与分析

5.2.1 总的体力活动情况

上学日指周一到周五的时间段,周末日指周六和周日时间段,学生在上学日,总体力活动平均时间达到每天82.2分钟,但标准差较大,反映了不同学生的体力活动时间差异较大。周末的情况也表现为同样的状态,学生在周末体力活动时间差异较大,所以在达到WHO体力活动推荐量的比例上仍然不理想,见表5-2,表5-3。

表5-2 江苏省青少年体力活动时间与单位体重能量消耗

时间段	PAT(分/天)	EE(千卡/千克)
上学日(中等强度)	59.5±46.3	19.6±15.2
周末日(中等强度)	78.3±78.9	10±10.4
上学日(高强度)	22.7±22.3	13.9±14.1
周末日(高强度)	31.1±38	8±10
上学日	82.2±61.4	33.5±26.1
周末日	109.4±107.4	18±18.5
一周	90±65.3	51.5±38.9

---

① 袁梅.12~14岁中学生常见体力活动能量消耗的研究[D].上海:上海体育学院,2011.

表5-3 江苏省青少年PAT达到WHO推荐量的比例

	比例(%)	n
上学日PAT	57.6	2 954
周末日PAT	58.8	3 016
每周总PAT	62.4	3 204

从表5-3中可以看出在上学日PAT达到WHO推荐量的有57.6%,周末日达标率为58.8%,总体的达标率为62.4%。

5.2.2 不同性别之间体力活动时间和能量消耗比较研究

不同性别之间平均每天的体力活动时间的比较如表5-4所示,从中可以看出不同性别学生平均每天的体力活动时间差异主要表现在周末的中等强度活动上,男生高于女生($p<0.01$)。

表5-4 不同性别间体力活动时间比较(单位:分/天)

	男($n=2\,486$) $M\pm s$	女($n=2\,645$) $M\pm s$	差值d
上学日中等强度PAT	58.5±44.4	60.4±48	−1.9
周末日中等强度PAT	81.6±82.4	75.2±75.4	6.4**
上学日高强度PAT	23.1±22.1	22.4±22.5	0.7
周末日高强度PAT	31.1±39.3	31.1±36.8	0
上学日总PAT	81.5±58.4	82.8±64.1	−1.3
周末日总PAT	112.7±111.9	106.3±102.9	6.4*
每周总PAT	90.4±64.7	89.5±65.9	0.9

注:** 表示$p<0.01$,* 表示$p<0.05$。

通过表5-4可以看出,在周末日,男生中等强度体力活动时间要大于女生中等强度体力活动时间($p<0.01$)。在周末日总的体力活动时间上,男生也要大于女生($p<0.05$),而男女生之间在其他时间段不同强度的体力活动时间上没有明显的差别。

表 5-5　不同性别间单位体重体力活动能量消耗比较(单位:千卡/千克)

差值 d	男(n=2 486) $\bar{x}\pm s$	女(n=2 645) $\bar{x}\pm s$	差值 d
上学日中等强度 EE	19.5±14.8	19.6±15.6	−0.1
周末日中等强度 EE	10.6±10.9	9.4±9.8	1.2**
上学日高强度 EE	14±13.8	13.8±14.5	0.2
周末日高强度 EE	7.9±10.3	8.1±9.8	−0.2

注:** 表示 $p<0.01$。

在不同性别之间的单位体重体力活动能量消耗比较上(见表 5-5),我们可以看出男女之间在周末日中等强度的单位体重体力活动能量消耗上存在差异,且男生要高于女生($p<0.01$)。而在上学日中等强度单位体重体力活动能量消耗、上学日高强度单位体重体力活动能量消耗和周末日高强度单位体重体力活动能量消耗上则没有明显差异。

表 5-6　不同性别间 PAT 达到 WHO 推荐量的比例

	男		女		差值 d
	比例(%)	n	比例(%)	n	
上学日 PAT	57.2	2 486	57.9	2 645	−0.7
周末日 PAT	59.2	2 486	58.4	2 645	0.8
每周总 PAT	62.5	2 486	62.4	2 645	0.1

基于体力活动的健康益处,世界主要国家和组织均提出针对学龄儿童、青少年的体力活动指南,建议他们每天进行不少于 60 分钟的中、高强度体力活动,依据这个标准和表 5-6 的数据可知,在达标率比较上,男女之间是没有明显差别的($p>0.05$),但是从个体间比较我们可以看出,男生和女生日常体力活动时间达到 WHO 推荐量的人数所占比例分别是 57.2% 和 57.9%,表明仍有较多学生体力活动时间没有达到 WHO 推荐量。

5.2.3 城乡之间体力活动时间和能量消耗比较研究

表 5-7 城乡之间学生体力活动时间比较(单位:分/天)

	城市($n=2\ 421$) $\bar{x}\pm s$	乡村($n=2\ 710$) $\bar{x}\pm s$	差值 d
上学日中等强度 PAT	60.3±49.9	58.7±42.8	1.6
周末日中等强度 PAT	80.6±82.1	76.3±75.9	4.3
上学日高强度 PAT	24.7±25.2	20.9±19.1	3.8**
周末日高强度 PAT	34±41.8	28.4±34.2	5.6**
上学日总 PAT	85±66.8	79.7±56.1	5.3**
周末日总 PAT	114.6±112	104.7±102.9	9.9**
每周总 PAT	93.5±69.1	86.8±61.6	6.7**

注:** 表示 $p<0.01$。

如表 5-7 所示,在城乡之间体力活动时间比较上,我们可以看出在任何时段的中等强度体力活动时间比较上,城乡之间都没有明显差异;而在高强度体力活动时间比较上可以看出,无论是在上学日还是在周末日,城市学生的高强度体力活动时间都要多于乡村学生的高强度体力活动时间($p<0.01$),并且在每周体力活动的总时间上,城乡之间存在差异($p<0.01$)。

表 5-8 城乡之间学生单位体重体力活动能量消耗比较(单位:千卡/千克)

	城市($n=2\ 421$) $\bar{x}\pm s$	乡村($n=2\ 710$) $\bar{x}\pm s$	差值 d
上学日中等强度单位体重 EE	19.7±16.4	19.5±14	0.2
周末日中等强度单位体重 EE	10.3±10.8	9.8±10	0.5
上学日高强度单位体重 EE	15.1±16	12.9±12.1	2.2**
周末日高强度单位体重 EE	8.7±10.8	7.4±9.2	1.3**
每周单位体重总 EE	53.7±41.4	49.5±36.5	4.2**

注:** 表示 $p<0.01$。

通过表 5-8 我们可以看出城乡在日常单位体重体力活动能量消耗的比较上,上学日和周末日的中等强度的单位体重体力活动能量消耗没有差异。而无论是在上学日还是在周末日,城市学生的高强度体力活动能量消耗都要明显大于乡村学生的高强度体力活动能量消耗($p<0.01$),在每周单位体重体力活动总

能量消耗上,城市学生要高于乡村学生($p<0.01$)。

表 5-9 城乡间 PAT 达 WHO 推荐量的比例

	城市		乡村		差值 d
	比例(%)	n	比例(%)	n	
上学日 PAT	58.2	2 421	57	2 710	1.2
周末日 PAT	60.1	2 421	57.6	2 710	2.5*
每周总 PAT	64.4	2 421	60.7	2 710	3.7**

注:** 表示 $p<0.01$,* 表示 $p<0.05$。

从表 5-9 可以看出,城乡学生之间在上学日体力活动时间达标率上没有明显差异,而从周末日体力活动时间和每周总体力活动时间的达标率上来看,城市和乡村呈现出明显的差别($p<0.05$),且城市达标率要高于乡村达标率。

5.2.4 不同地区之间学生体力活动时间和能量消耗比较研究

江苏省分为苏南、苏中和苏北三个地区,其中苏南包括苏州、常州、无锡、南京、镇江;苏中包括扬州、南通、泰州;苏北包括徐州、连云港、宿迁、淮安、盐城。

表 5-10 不同地区之间学生体力活动时间比较(单位:分/天)

	苏南 ($n=1 833$) $x\pm s$	苏中 ($n=1 281$) $x\pm s$	苏北 ($n=2 017$) $x\pm s$	差值 $d1$	差值 $d2$	差值 $d3$
上学日中等强度 PAT	59.3±45.2	69.5±47.8	53.3±45.2	−10.2**	16.2##	−6△△
周末日中等强度 PAT	71.7±77.4	100.4±81.1	70.3±76.2	−28.7**	30.1##	−1.4
上学日高强度 PAT	21.7±20.9	25.3±22.2	22±23.4	−3.6**	3.3##	0.3
周末日高强度 PAT	27.4±35.9	38.2±36.7	29.9±40.1	−10.8**	8.3##	2.5△
上学日总 PAT	81±59.7	94.8±64.7	75.3±59.6	−13.8**	19.5##	−5.7△△
周末日总 PAT	99.1±104.9	138.7±109.9	100.1±105	−39.6**	38.6##	1
每周总 PAT	86.1±62.8	107.3±68.3	82.4±63.6	−21.2**	24.9##	−3.7

注:△△、##、** 表示 $p<0.01$,△表示 $p<0.05$;差值 $d1$ 表示苏南与苏中的均值差,差值 $d2$ 表示苏中与苏北的均值差,差值 $d3$ 表示苏北与苏南的均值差。

从表 5-10 我们能够看出在上学日中等强度、周末日中等强度、上学日高强度、周末日高强度和每周总的体力活动时间的比较上:苏南地区和苏北地区学生体力活动时间要明显少于苏中地区($p<0.01$),而在苏南地区和苏北地区的比较上,我们可以看出上学日中等强度和上学日总的体力活动时间存在差异,且苏南

地区要高于苏北地区($p<0.05$),但是从每周总的体力活动时间比较来看,苏南地区和苏北地区没有差异。

表5-11 不同地区之间学生单位体重体力活动能量消耗比较(单位:千卡/千克)

	苏南 ($n=1\ 833$) $\bar{x}\pm s$	苏中 ($n=1\ 281$) $\bar{x}\pm s$	苏北 ($n=2\ 017$) $\bar{x}\pm s$	差值 $d1$	差值 $d2$	差值 $d3$
上学日中等强度单位体重 EE	19.6±14.9	22.8±15.5	17.5±14.9	−3.2**	5.3##	−2.1△△
周末日中等强度单位体重 EE	9.2±10.2	12.8±10.6	9±10.1	−3.6**	3.8##	−0.2
上学日高强度单位体重 EE	13.1±13.5	15.7±13.8	13.5±14.8	−2.6**	2.2##	0.4
周末日高强度单位体重 EE	7.1±9.6	9.8±9.7	7.7±10.5	−2.7**	2.1##	0.6
每周单位体重总 EE	49±37.6	61.1±40.2	47.6±38.3	−12.1**	13.5##	−1.4

注:△△、##、** 表示 $p<0.01$;差值 $d1$ 表示苏南与苏中的均值差,差值 $d2$ 表示苏中与苏北的均值差,差值 $d3$ 表示苏北与苏南的均值差。

在表5-11中,从不同地区学生单位体重体力活动能量消耗各指标比较上来看,苏北和苏南要明显小于苏中($p<0.01$)。而苏北地区上学日中等强度单位体重体力活动能量消耗与苏南地区存在差异($p<0.01$),在其他指标上则没有差异。

表5-12 不同地区间 PAT 达 WHO 推荐量的比例

	苏南 ($n=1\ 833$) 比例(%)	苏中 ($n=1\ 281$) 比例(%)	苏北 ($n=2\ 017$) 比例(%)	差值 $d1$	差值 $d2$	差值 $d3$
上学日 PAT	58	67.8	50.7	−9.8**	17.1##	−7.3△△
周末日 PAT	53.1	72.8	55.1	−19.7**	17.7##	2
每周总 PAT	61	74.4	56.1	−13.4**	18.3##	−4.9△△

注:△△、##、** 表示 $p<0.01$;差值 $d1$ 表示苏南与苏中的均值差,差值 $d2$ 表示苏中与苏北的均值差,差值 $d3$ 表示苏北与苏南的均值差。

在表5-12中,可以看出苏南、苏北、苏中三个地区,除了在周末日体力活动时间达标率上苏北与苏南没有明显的差异以外,在上学日体力活动达标率和每周总体力活动时间达标率上均呈现明显的差异,其中在三个时间段的体力活动时间达标率上,苏中地区最高;在上学日和每周总体力活动时间达标率上,最低的是苏北地区,苏南地区在周末日体力活动时间达标率上最低。

5.2.5 不同年龄学生体力活动时间和能量消耗变化趋势研究

如图 5-1 所示,在各年龄的体力活动时间比较中,我们可以看出在上学日和周末日各强度下总体力活动时间最长的是在 9 岁年龄组,达到了 823.2 分/周,而体力活动时间最短的是在 17 岁组,只有 495.3 分/周,并且从 9 岁组至 17 岁组整体上看,呈现逐步递减的趋势。每周体力活动时间平均递减速率约为 41 分/周。

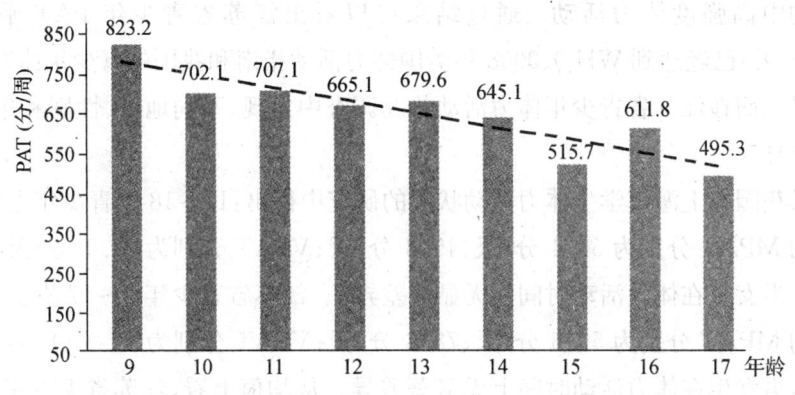

图 5-1 不同年龄青少年每周总体力活动时间

如图 5-2 所示,我们能够看出在各年龄组总单位体重体力活动的能量消耗中,9 岁组最大,达到了 78.5 千卡/千克,而 17 岁年龄组最低,只有 40.4 千卡/千克,而且从 9 岁至 17 岁整体上看,单位体重体力活动能量消耗逐步递减,在 17 岁的时候达到了最低点,并且各年龄组的平均递减速率约为 4.8 千卡/千克。

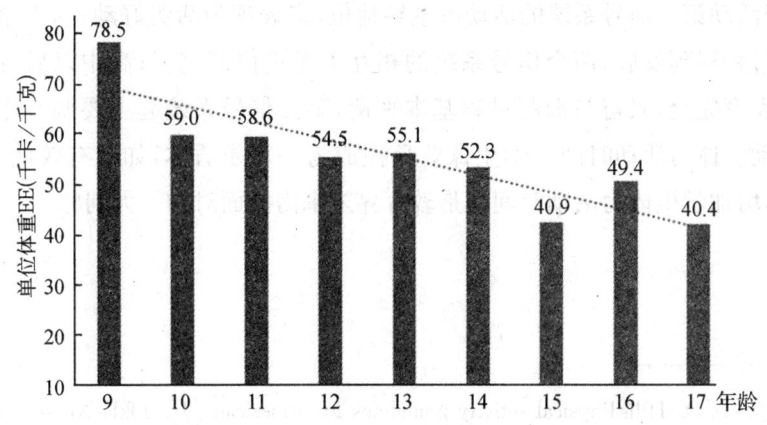

图 5-2 不同年龄青少年单位体重体力活动能量消耗

5.3 讨论

2008年，美国卫生与公众服务部在体力活动指南中指出：儿童青少年每天应进行至少60分钟的体力活动[①]。王超博士在我国青少年体力活动时间推荐量的研究中建议我国青少年每天进行不低于257分钟的低强度体力活动和不低于35分钟的中高强度体力活动。通过结果可以看出江苏省青少年PAT平均值（90分/天）已经达到WHO、2008年美国体力活动指南和我国的青少年体力活动推荐量。而在江苏省青少年体力活动状况调查中发现，不同地区、性别和年龄间存在差异。

洪茯园在上海市学生体力活动状况的研究中得出：11~18岁青少年上学日、周末的MPAT分别为51.4分/天、45.3分/天；VPAT分别为22.1分/天、25.5分/天，男女生在体力活动时间上无显著差异[②]。江苏省青少年9~17岁上学日、周末的MPAT分别为59.5分/天、78.3分/天；VPAT分别为22.7分/天、31.1分/天，男女生在体力活动时间上无显著差异。从均值上看，江苏省青少年PAT要高于上海市青少年。

研究结果显示，随着青少年年龄的增长，PAT和EE在不断地下降。首先，7~17岁青少年大部分的时间都是在学校度过，从小学阶段到高中阶段，课业负担不断加重导致学生缺乏体力活动，尤其是在高三（17岁）阶段表现尤为明显。其次，青少年身体发育特点不断变化，特别是在神经系统的发育过程中：小学阶段，神经活动第一信号系统的活动占主导地位，多表现为活泼好动；初中以后，神经抑制过程得到发展，两个信号系统的相互关系更协调完善；高中以后，神经系统已经发育完全，兴奋与抑制过程基本平衡，第二信号系统起主要调节作用，表现为少动。体力活动时间与学生课业负担成为一对矛盾体，如何有效地减轻课业负担，增加学生体力活动时间将是教育界未来需要面对的一大问题。

---

① James O. Hill. Physical activity guidelines for Americans[J]. Okla Nurse, 2008, 53(4):25.
② 洪茯园. 上海市部分中学生体力活动和静态生活现状调查及影响因素的研究[D]. 上海：上海体育学院, 2010.

5.4 本章小结

在体力活动时间上,男生在周末日的 PAT 要高于女生,在其他时段均无明显差异;城市青少年 PAT 要高于乡村青少年;苏中地区要高于苏南地区,苏南地区高于苏北地区。

在单位体重能量消耗上,男生在周末日的中等强度 EE 上要大于女生;城市青少年高于乡村青少年;苏中地区要高于苏南地区,苏南地区要高于苏北地区。

江苏青少年学生体力活动时间达标率为 62.4%,男生为 62.5%,女生为 62.4%。男女生之间没有差异;城市高于乡村,苏中高于苏南,苏南高于苏北。随着年龄的增长,江苏青少年体力活动时间和单位体重能量消耗均出现不同程度的下滑趋势。

第6章 青少年体力活动和影响因素关系研究

本章将以 Welk 的 Youth Physical Activity Promotion Model（YPAP 模式）为理论基础，运用结构方程模型进一步实证分析我国青少年身体活动影响因素与体力活动之间的结构关系，为更好地促进我国青少年身体活动研究提供理论依据和实践参考。

6.1 Youth Physical Activity Promotion Model 理论综述

Welk 以社会生态学理论、社会认知理论、期望价值理论、PRECEDE-PROCEED 理论为基础，结合青少年生长发育的心理和行为特点，分析影响青少年参与身体活动行为的原因，提出了青少年身体活动促进的理论模型（YPAP 模式）。YPAP 模式将青少年身体活动的直接和间接影响因素及各因素之间的关系全面、系统地归纳起来，从理论的观点上解释青少年身体活动影响因素之间的关系（见图 6-1）。

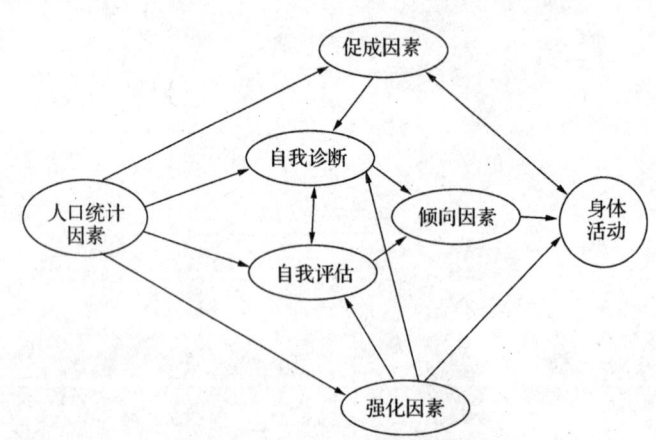

图 6-1 YPAP 理论模式

YPAP 模式认为影响青少年身体活动的主要因素分为内部因素和外部因素（见表 6-1），内部因素是倾向因素（Predisposing），外部因素分别是促成因素

(Enabling)和强化因素(Reinforcing)。另外认为,人口统计因素(Personal Demographics)对这三个因素分别有着不同程度的影响。

倾向因素是为行为改变提供理由或动机的先行因素。它通常先于行为,是产生某种行为的动机或愿望,或是诱发产生某行为的因素,其中又包括自我诊断和自我评估。诊断是参与者对于自己能否改变身体活动行为所做的一系列的关于自身能力的总体诊断,主要表现为"我能不能(Am I able)?"诊断因素下又分别包含自我效能(Self efficacy)和运动能力认知(Perceptions of Competence)。而评估因素是参与者对自己能否积极地改变身体活动行为所做的一系列的价值分析、决策等,主要表现为"值不值得去做(Is it worth it)?"评估因素由乐趣、信念和态度等组成。这些因素为青少年身体活动行为改变提供了心理基础。促成因素是指允许行为动机或愿望得以实现的先行因素,即实现或达到某行为所必需的技术和资源要求,包括体质、运动技能、身体活动参与途径和环境因素。这些因素为青少年身体活动行为的改变提供了物质基础。强化因素是紧随其后的,为身体活动行为的长期坚持或不断重复提供激励的因素,主要包括家庭影响、同伴影响和教师影响等。这几个因素构成了身体活动行为促进的强化因素,为身体活动提供了外在动力。人口统计因素一般包含年龄、性别、个人和家人文化程度以及家庭经济水平等。许多关于健康促进的理论模式均强调过人口统计资料对个人行为的重要影响。

表6-1 YPAP模式理论中身体活动影响因素与指标

分类	影响因素		评价指标
人口统计因素			① 年龄 ② 性别 ③ 文化背景 ④ 经济状况
个体内部因素	倾向因素	自我诊断 自我评估	① 自我效能 ② 运动感知能力 ① 乐趣 ② 信念 ③ 态度
外部环境因素	促成因素 强化因素		① 资源 ② 运动氛围 ③ 技能 ① 家庭 ② 同伴 ③ 教师 ④ 教练

YPAP模式认为这三类因素间相互作用,对青少年身体活动行为的影响起着共同的作用。在这里,倾向因素属于个体因素,而促成因素和强化因素下的绝大部分影响因素都属于环境因素。某青少年对身体活动行为的改变有动机和愿望,即具备倾向因素,除了具有一定的倾向因素以外,还要有促成因素的作用。有了动机和资源后,就可能促成身体活动行为的改变,但是这样的一个改变也许只是暂时的,要想长久地保持好的身体活动行为方式,还需强化因素的作用,即家庭、同伴和教师等的持续影响。另外,人口统计因素对这三个因素分别产生影响,对身体活动

行为的改变起着间接的作用。最后,这个模式环并不一定由倾向因素作为起点。有时,即使没有动机,由于有强有力的促成因素,也就直接促使行为的改变。有时,强化因素也会作为起始因素去影响倾向因素。由此可见行为的改变是这三类因素共同作用的结果,只从某一个或某一类因素来解释和改变身体活动行为是难以实现的。因此,采用定量的方法探究其内部结构关系显得尤为重要。

YPAP 理论模式自提出以后,其中的四类影响因素已经被国内外许多学者在青少年身体活动相关研究中予以证实[①],但是,到目前为止,还没有研究对该理论模式的整体结构关系进行证实,因此该模式中各变量之间的结构关系及综合影响程度尚不清楚。本研究从科学实证的角度出发,运用结构方程模型(SEM)探究 YPAP 理论模式中各类因素之间的关系,为我国青少年身体活动促进工作提供理论借鉴。

6.2 研究假设、对象与方法

6.2.1 研究假设

本研究依据 YPAP 理论模式建立了研究假设(见图 6-2):① 促成因素、强化因素和倾向因素直接影响着身体活动行为;② 促成因素和强化因素又分别通过倾向因素影响身体活动行为;③ 强化因素通过促成因素和倾向因素影响着身体活动行为;④ 各因素对身体活动综合影响程度不同。

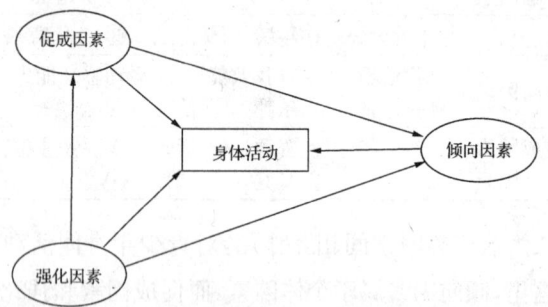

图 6-2 青少年身体活动影响因素结构模式假设

---

① James Dollman, Nicole R. Lewis. Interactions of socioeconomic position with psychosocial and environmental correlates of children's physical activity: an observational study of South Australian families[J]. International Journal of Behavioral Nutrition and Physical Activity, 2009, 6(1):56.

6.2.2 研究对象

以 YPAP 模式理论中倾向因素、促成因素和强化因素之间的结构关系为研究对象,以江苏省 7~17 岁青少年为本研究的调查对象,共 1 986 人(表 6-2)。抽样城市分别是徐州市(苏北 $n=503$)、苏州市和镇江市(苏南 $n=760$)、扬州市(苏中 $n=726$)。

表 6-2 调查对象人数一览表

年龄	男	女
10 岁	104	120
11 岁	66	91
12 岁	159	199
13 岁	162	167
14 岁	83	91
15 岁	127	157
16 岁	137	140
17 岁	89	94
合计	927	1 059

6.2.3 研究方法

(1) 文献资料法

通过在中国知网、Web of Science 等网络数据库上查阅和下载几百余篇有关"身体活动促进模式""青少年身体活动影响因素""Physical Activity Promotion"等的文献,了解这一领域的研究现状和进展,为本研究提供丰富的理论支撑。

(2) 问卷调查法

青少年日常身体活动调查问卷。

青少年身体活动量的调查采用《青少年日常身体活动调查问卷(CLASS-C)》,该问卷是由澳大利亚迪肯大学设计,后来由香港中文大学进行了信效度验证。而后上海体育学院李海燕博士结合我国内地中学生情况又重新进行了修订,各类活动能量消耗信度达标 0.8 以上。

青少年身体活动影响因素量表:

① 依据 YPAP 理论模式,从倾向因素、促成因素和强化因素三个方面出发,

并参考国内外关于身体活动的影响因素研究的调查问卷,设计学生身体活动影响行为量表,共 50 个题目。问题的回答和计分采用李克特量表的 5 级评分形式,分为"完全不同意""不同意""不太同意""同意""非常同意"5 个水平选项,分别计分为 1、2、3、4、5 分,了解青少年对身体活动影响行为的感知程度。

② 量表效度和信度检验。在正式调研以前,于镇江市预发放问卷 200 份用于问卷的项目分析、效度和信度检验。

项目分析:首先计算该量表题目得分,得分占前 27% 和后 27% 的两个组别分别为高分组和低分组,极端组的比较采用独立样本 t 检验,并将决断值检验不显著($p>0.05$)的两道题目删除。

效度检验:该量表的设计参照国内外较前沿的身体活动影响因素调查问卷,在设计过程中运用专家调查法对问卷的内容、提问方式和题项序列进行了调整,保证该量表具有较好的内容效度。问卷的结构效度检验采用因子分析方法,结果显示 KMO 值为 0.959,Bartlett's 球形检验的 χ^2 值为 90 875.975,DF 值为 1 711,$p<0.001$,所提取公因子的累计方差贡献率为 72.2%,能够解释大部分的信息,该量表具有较高的结构效度。

信度检验:内部信度的检验采用的是 Cronbach'salphn 系数(克隆巴赫系数),对量表中所有题目进行可靠性分析,结果显示克隆巴赫系数 $\alpha=0.931$,具有较高的信度。外部信度的检验采用重测法,在问卷第一次发放的一个星期之后,对 90 名青少年进行了第二次的问卷调查。外部信度系数为 0.89,该问卷具有较好的外部信度。

③ 调查问卷的发放与回收。问卷的发放与回收均在江苏省学生体质健康测试期间进行,为了让不同年龄的青少年能够准确地理解和填写,特意请几位中小学语文教师对问卷的语言表述进行润色。共发放问卷 2 000 份,回收 2 000 份,回收率为 100%。剔除掉无效问卷 14 份,剩余有效问卷 1 986 份,有效率 99.3%。

④ 量表条目的打包与合并。依据量表设计的原理和调查目的,将量表中的题目进行合并与打包,然后计算出观测变量得分,具体的合并情况如表 6-3 所示。另外,反向题目使用 SPSS 软件进行得分的反向替换,再进行总分求和。

表 6-3　量表问题合并观测变量一览表

影响因素	观测变量	量表问题序号	观测变量得分
促成因素	资源可得性	$x1$、$x2$、$x3$、$x4$、$x5$	3.62±0.75
	体育运动氛围	$x6$、$x7$、$x8$、$x9$、$x10$、$x11$	3.80±0.69
	运动技能	$x12$、$x13$、$x14$	3.25±1.34
强化因素	同伴影响	$x15$、$x16$、$x17$	4.02±0.77
	家庭影响	$x18$、$x19$、$x20$、$x21$、$x22$	3.53±0.86
	教师影响	$x23$、$x24$、$x25$、$x26$、$x27$、$x28$、$x29$、$x30$、$x31$	3.94±0.63
倾向因素	参与乐趣	$x32$、$x33$、$x34$	4.15±0.66
	参与态度	$x35$、$x36$、$x37$、$x38$	4.03±0.64
	参与信念	$x45$、$x46$、$x47$、$x48$	4.31±0.62
	运动认知	$x39$、$x40$、$x41$	3.90±0.75
	自我效能	$x42$、$x43$、$x44$	4.37±0.63

(3) 数理统计法

频数和均值(标准差)的分析与整理采用的是 SPSS 23.0 和 Office 2013 软件包。均值和标准差的表示采用 $\bar{x}\pm s$。相关分析采用皮尔森相关系数法,所有推断统计的显著性水平设定为 $\alpha=0.05$;运用 Amos 22.0 对构建的研究假设模型进行拟合,参数估计方法采用极大似然法(Maximum Likelihood 即 ML 法);拟合程度判断标准:CMIN 值的 p 值未达到显著水平,CMIN/DF 值小于 5,RMSEA 小于 0.08,表示模型与数据的拟合程度较好;RFI、IFI、TLI、CFI、NFI 5 个指标的值大于 0.9,表示模型拟合程度较好,数值为 0.8~0.9,表示模型可以接受;PNFI 和 PCFI 等值大于 0.5 表示模型拟合程度较好。最后,根据以上指标综合判断模型的拟合程度。

6.3　结果与分析

由表 6-4 皮尔森相关系数分析表明,身体活动影响因素之间的相关程度完全一致,均为正相关($p<0.01$)。首先,促成因素和倾向因素之间的相关系数为 0.463($p<0.01$)。其次,促成因素和强化因素之间的相关系数为 0.656($p<0.01$),达到了高度相关水平。倾向因素与强化因素之间的相关系数为 0.637

（$p<0.01$），也达到了较高的相关水平。最后，身体活动与倾向因素、身体活动与促成因素以及身体活动与强化因素之间的相关系数分别是 0.553（$p<0.01$）、0.474（$p<0.01$）、0.545（$p<0.01$）。所有因素间相关水平均达到了中高度水平以上，所有影响因素与身体活动水平之间的相关水平也达到了中度水平以上。

表 6-4 青少年身体活动影响因素皮尔森相关系数（$n=1\,986$）

	倾向因素	促成因素	强化因素	身体活动
倾向因素	1			
促成因素	0.463**	1		
强化因素	0.637**	0.656**	1	
身体活动	0.553**	0.474**	0.545**	1
MEAN	4.150	3.558	3.830	98.03
SD	0.547	0.771	0.622	55.86

注：** 表示 $p<0.01$。

表 6-5 是青少年身体活动影响因素下的各观测变量相关系数表，由表格内容可以看出各观测变量对于身体活动均呈现出不同程度的正相关水平，且 $p<0.01$。资源可得性与身体活动之间的相关系数为 0.42（$p<0.01$），体育活动氛围与身体活动之间的相关系数为 0.44（$p<0.01$），运动技能与身体活动之间的相关系数为 0.36（$p<0.01$）；自我效能与身体活动之间的相关系数为 0.42（$p<0.01$），运动认知与身体活动之间的相关系数为 0.48（$p<0.01$），参与乐趣与身体活动之间的相关系数为 0.46（$p<0.01$），参与信念与身体活动之间的相关系数为 0.42（$p<0.01$），参与态度与身体活动之间的相关系数为 0.51（$p<0.01$）；同伴影响与身体活动之间的相关系数为 0.37（$p<0.01$），家庭影响与身体活动之间的相关系数为 0.45（$p<0.01$），教师影响与身体活动之间的相关系数为 0.55（$p<0.01$）。各观测变量中与身体活动水平相关系数最高的观测变量是教师影响变量，与身体活动水平相关系数最低的观测变量是运动技能变量。

表 6-5 青少年身体活动影响因素各观测变量皮尔森相关系数($n=1986$)

	资源可得性	体育活动氛围	运动技能	自我效能	运动认知	参与乐趣	参与信念	参与态度	同伴影响	家庭影响	教师影响	身体活动
资源可得	1	**	**	**	**	**	**	**	**	**	**	**
锻炼氛围	0.68	1	**	**	**	**	**	**	**	**	**	**
运动技能	0.48	0.46	1	**	**	**	**	**	**	**	**	**
自我效能	0.27	0.31	0.18	1	**	**	**	**	**	**	**	**
运动认知	0.36	0.38	0.33	0.43	1	**	**	**	**	**	**	**
参与乐趣	0.38	0.42	0.27	0.67	0.51	1	**	**	**	**	**	**
参与信念	0.28	0.32	0.19	0.91	0.43	0.64	1	**	**	**	**	**
参与态度	0.45	0.5	0.37	0.57	0.61	0.83	0.56	1	**	**	**	**
同伴影响	0.41	0.46	0.29	0.41	0.37	0.46	0.4	0.48	1	**	**	**
家庭影响	0.52	0.53	0.46	0.32	0.43	0.42	0.33	0.52	0.52	1	**	**
教师影响	0.55	0.59	0.41	0.44	0.47	0.53	0.45	0.57	0.48	0.55	1	**
身体活动	0.42	0.44	0.36	0.42	0.48	0.46	0.42	0.51	0.37	0.45	0.55	1

注:** 表示两对应变量之间的相关性具有统计学意义($p<0.01$)。

6.4 青少年身体活动影响因素结构关系分析

为进一步验证青少年身体活动影响因素之间的关系,本研究运用 SPSS 23.0 和 Amos 22.0 软件,通过结构方程模型对假设模型进行拟合。从模型的拟合结果来看,该模型的 CMIN 的 $p=0.079>0.05$,CMIN/DF$=3.982<5$,RMSEA$=0.069<0.08$;相对拟合指数 RFI$=0.846$,IFI$=0.929$,TLI$=0.849$,CFI$=0.929$,NFI$=0.927$,所有指数均大于 0.8;最后,PCFI$=0.563>0.5$,PNFI$=0.562>0.5$。通过以上指标可以综合看出该模型的拟合程度较好,能够接受。

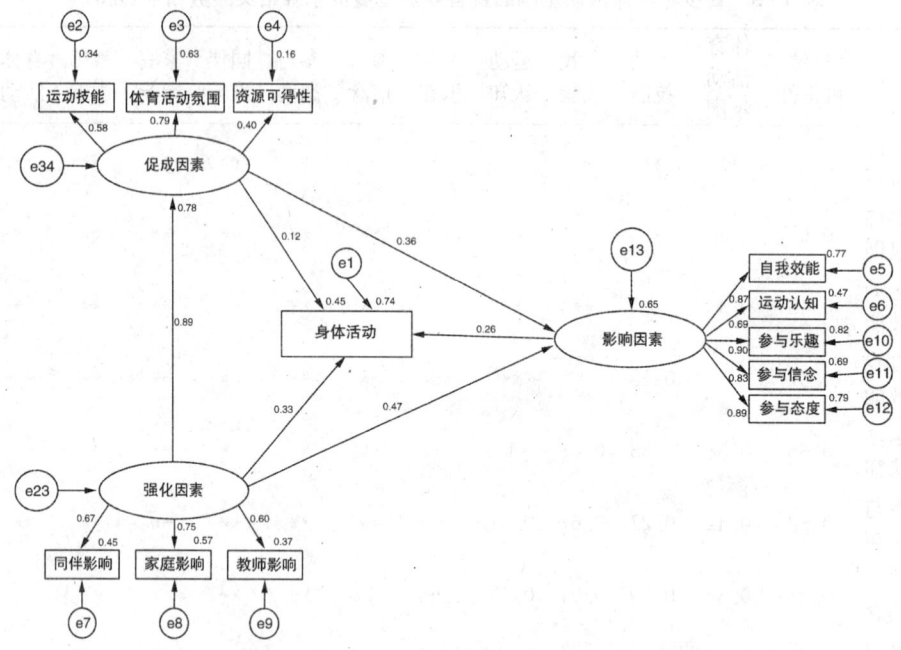

图6-3 青少年身体活动影响因素关系结构图

图6-3是青少年身体活动影响因素关系结构图,从中可以看出促成因素、倾向因素和强化因素共解释了身体活动的74%的方差。倾向因素对身体活动的路径系数为0.26($p<0.001$);强化因素对于倾向因素的路径系数为0.47($p<0.001$),强化因素对于促成因素的路径系数为0.89($p<0.001$),强化因素对身体活动的路径系数为0.33($p<0.001$);促成因素对倾向因素的路径系数为0.36($p<0.001$),促成因素对身体活动的路径系数为0.12($p=0.138>0.05$)。由此可见,除了促成因素对身体活动的路径系数的显著性水平为不显著以外,其他各路径系数的显著性水平均为显著。

依据图6-3的路径系数和显著性水平,删除影响不显著的路径(促成因素→身体活动)。可以看出倾向因素和强化因素对于身体活动均有着直接的影响;强化因素通过促成因素和倾向因素对身体活动又起着间接的作用;强化因素通过倾向因素对身体活动产生影响;促成因素通过倾向因素对身体活动产生影响。总体来看,强化因素通过多途径影响身体活动,对身体活动水平起着重要的作用。

6.5 青少年身体活动影响因素综合得分分析

依据各路径系数,计算出各影响因素的综合得分。如表6-6所示,综合得分最高的因素是强化因素,分值为0.536;其次分别是倾向因素和促成因素,分值分别是0.260和0.094。依据分值可以看出影响身体活动的三个因素中,强化因素产生的综合影响最大、路径最多,其次是倾向因素,综合影响最小的是促成因素。另外可以看出,强化因素通过各途径影响身体活动的过程中,通过倾向因素对身体活动的影响是0.122,而通过促成—倾向因素对身体活动的影响仅为0.084。

表6-6 青少年身体活动影响因素关系得分

影响因素	影响	路径	路径系数分值	总影响分值
倾向因素	直接影响	—	0.260	0.260
	间接影响	—	—	
促成因素	直接影响	—	—	0.094
	间接影响	倾向因素	0.360 * 0.260 = 0.094	
强化因素	直接影响	—	0.330	0.536
	间接影响	倾向因素	0.470 * 0.260 = 0.122	
		促成—倾向因素	0.890 * 0.360 * 0.260 = 0.084	

注:该表中"*"表示"相乘"运算符号。

6.6 讨论

从研究的结果来看,倾向因素、促成因素和强化因素对我国青少年身体活动均有着多维和多重的影响效果,各因素间交互作用,影响着青少年的身体活动。从综合影响的程度来看,三个因素对于身体活动影响的程度不同。

影响青少年身体活动的个人内部因素是倾向因素。倾向因素由自我效能、运动能力感知、运动兴趣、运动信念和运动态度等一系列要素组成。这一系列的因素均是青少年内部运动倾向的具体表现。运动动机的获得需要这一系列因素的综合作用,其对青少年身体活动的参与起着直接的作用。已有的研究从运动兴趣因素与身体活动之间的关系进行过探讨,运动兴趣对于身体活动起着直接和积极的作用①。另外,对于运动能力感知因素对身体活动的影响,有研究认为运动能力感知对青少年身体活动水平有着直接的影响作用,并表现为运动能力感知越强,越愿意参与体育锻炼,从而表现为更高的身体活动水平②。同时,另有研究发现运动能力感知还通过运动兴趣对身体活动产生着间接的影响,也就是说,运动能力感知通过影响运动兴趣促进青少年身体活动的参与③④。这一研究结论探讨了倾向因素内部各影响因素之间的关系,但是其结论仍然符合本研究的结果,运动兴趣、运动能力感知从总体上直接影响身体活动水平。最后,本研究显示运动乐趣、运动信念和自我效能等因素作为个人内部因素对身体活动有着直接的影响。

身体活动影响的外部因素分别是促成因素和强化因素,促成因素通过倾向因素对身体活动水平产生间接的影响,而对身体活动没有直接产生影响。促成因素主要包括资源可得性、体育运动与体育活动氛围以及运动技能。其中,资源可得性主要指场地设施和资金等的获得。这些因素是身体活动进行的重要保障。一项关于中国留美大学生群体的身体活动影响因素研究也发现促成因素对于身体活动只有间接的影响⑤。促成因素作为一系列身体活动参与的保障因素,为身体活动的参与提供资金、场地和技能保障。这些保障是身体活动必需的因素,但是即使物质保障足够充分,没有运动动机,体育锻炼也难以进行下去。

强化因素同样也是影响身体活动水平的外在因素。其中,强化因素主要包括家庭影响、同伴影响和教师影响等,主要是人际关系层面的影响因素。强化因

---

① A. C. Seabra, J. Maia, A. F. Seabra, et al. Evaluating the youth physical activity promotion model among portuguese elementary schoolchildren[J]. Journal of Physical Activity & Health, 2013, 10(8): 1159-1165.

② Jodee A. Schaben, Roxane Joensmatre, Gregory J. Welk, et al. The Predictive Utility of the Children's Physical Activity Correlates(CPAC) Scale Across Multiple Grade Levels[J]. Medicine and Science in Sports and Exercise, 2004, 3(1): 59-69.

③ Robert J. Brustad. Who will go out and play? Parental and psychological influences on children's attraction to physical activity[J]. Pediatric Exercise Science, 1993, 5(3): 210-223.

④ J. C. Kimiecik, Thelma S. Horn. Parental beliefs and children's moderate-to-vigorous physical activity[J]. Research Quarterly for Exercise and Sport, 1998, 69(2): 163-175.

⑤ Zi Yana, Bradley J. Cardinalb, Alan C. Acockb. Understanding Chinese international college and university students' physical activity behavior[J]. Journal of Sport and Health Science, 2015, 4(2): 203-210.

素对于身体活动有着直接和间接的影响。与YPAP模式理论有所不同的是,本研究显示强化因素通过促成因素和倾向因素这样一个三级的关系间接地影响着身体活动。而YPAP模式理论中不认为强化因素和促成因素存在直接的关系,只是认为强化因素和促成因素均会影响诊断和评估,强化因素和促成因素存在某种潜在关系,但尚未言明。本研究通过实证分析的方法发现强化因素可以直接影响促成因素,然后通过倾向因素去影响身体活动。研究中,发现强化因素中的观测变量和促成因素间的观测变量存在某种潜在的关系,通过观测变量相关系数表(见表6-6)也能发现其中的相关关系。教师、家庭和同伴可以创造一种良好的体育运动氛围,对青少年产生潜在的影响。有研究表明家庭的影响可以直接促进青少年身体活动水平的提高,家庭的鼓励与监督作用,使得孩子"被迫"参与体育锻炼,通过锻炼产生成就和收获,促进倾向因素的发展,是一个以被动参与身体活动为开端的良性循环机制[1][2]。

从身体活动影响因素得分来看,综合影响最大的是强化因素,其次是倾向因素,最小的是促成因素。在我国青少年身体活动影响因素中,同伴、家庭和教师的影响占据重要地位。青少年的主要生活和学习是在校园和家庭度过的,每天接触得最多的就是同伴、教师和父母,同时青少年时期又是一个善于学习和模仿的时期。周围人群的影响会对青少年产生重要的作用,因此,周围人群的锻炼行为也潜在地影响青少年身体活动水平。目前,许多身体活动的促进项目都是运用教育和行为认知的方法来告知个体进行身体活动练习,但这些项目没有产生长期的效果。依据本研究结果来解释,不能坚持身体活动的原因是外部大环境因素导致的久坐行为的存在。所以,青少年身体活动促进工作将会是一个长期的系统工程,在促进工作中要把握好内部和外在因素对青少年身体活动产生的作用,只有处理好整体矛盾和各因素之间的矛盾,依据科学研究理论建立出合理的身体活动促进模式,才能更好地提高青少年身体活动水平,促进青少年身体健康。

---

[1] Gregory J. Welk. Promoting physical activity in children: parental influences. ERIC Digest[J]. Child Health, 1999, (10): 4.

[2] Stewart G. Trost, James F. Sallis, Russell R. Pate. Evaluating a model of parental influence on youth physical activity[J]. American Journal of Preventive Medicine, 2003, 25 (4): 277-282.

6.7 本章小结

本章依据 YPAP 模式理论,探究了我国青少年身体活动影响因素之间的关系;青少年身体活动受倾向因素、促成因素和强化因素的多维度和多层次影响;强化因素对身体活动有直接和间接的影响,倾向因素直接影响身体活动,促成因素通过倾向因素对身体活动有着间接的影响;三因素对身体活动的综合影响中,强化因素占主要作用,其次是倾向因素,综合影响最小的是促成因素。

第7章 我国青少年体力活动促进社会生态系统模式构建

青少年体力活动社会生态系统因子的多层次性、多水平化以及交互作用的变化,决定了青少年体力活动促进及其管理的复杂性。个体层次因子(态度、动机、自我效能等)决定了青少年体力活动水平,但个体层次因子的水平及作用强烈依赖于个体间因子的社会支持以及软硬件环境的支持。组织及社区层因子不仅可以对个体参与体力活动的行为产生直接影响,而且可以通过人际关系层次因子,提高家庭、社会对青少年体力活动的支持水平。由此看来,开展青少年体力活动促进行动,不仅是改善青少年体力活动行为,增强青少年体力活动水平,而且是对青少年社会生态系统的综合治理。青少年的体力活动促进离不开全社会的广泛参与,从而也对体力活动促进的管理工作提出严峻的挑战。

面对青少年体力活动促进复杂社会生态系统问题,目前我国教育行政管理机构的管理存在一些局限性,主要表现为:① 层级制的管理组织模式不能适应和满足体力活动促进工作的广泛性和多样性需求;② 教育行政管理机构缺乏科学有效的青少年体力活动促进项目设计、开发和实施能力;③ 学校缺乏充足的资源和能力完成体力活动促进任务;④ 社会环境制约着体力促进工作的顺利进行。因此,创新管理模式、完善管理机制成为当前青少年体力活动促进理论和实践中急需解决的重要课题。

本章针对青少年体力活动社会生态系统因子的多层次性及促进工作的复杂性特点,在探讨理论依据、实践依据以及模式建立原则的基础上,构建了由地方到学校一体化的青少年体力活动促进社会生态系统模式,详细分析了青少年体力活动社会生态系统的管理组织设计、组织架构、组织变化模式、管理运行机制及运作流程,扩展了已有的基于影响因子结构关系的青少年体力活动促进模式,整合了组织管理的过程和方法,为我国青少年体力活动促进提供了理论支持,在实践上为青少年体力活动促进提供实施的系统框架。

7.1 青少年体力活动促进社会生态系统模式构建依据

7.1.1 模式、管理模式与社会生态系统模式

《新汉语大词典》对于模式(model 或 paradigm)的解释是"理论的一种简化形式,即对现实事件的内在机制和事物之间的直观的、简洁的描述;能够向人们表明事物结构或过程的主要组成部分和相互关系",在一般意义上指从理论经验和生活经验中经过抽象和升华提炼出来的核心知识体系。其本质是解决某一类问题的方法论。Alexander 给出的经典定义是:每个模式都描述了一个在我们的环境中不断出现的问题,然后描述了该问题解决方案的核心。通过这种方式,可以无数次地使用那些已有的解决方案,无须再重复相同的工作。模式的建立注重形式上的规律性,是一种描绘和陈述,帮助呈现一个过程或存在的事物。

管理模式面向实际应用,是当代管理理论和方法在一定情境中相对稳定的组合和综合应用范式,具有时代性、操作性、理论和方法的选择性和组合性、相对稳定性以及长期变化性特征[①]。在一般意义上,管理模式是在管理理念指导下建构起来的,由管理方法、管理模型、管理制度、管理工具、管理程序组成的管理行为体系的结构。

社会生态系统模式也常被称为社会生态学观点或社会生态模型(Social Ecological Model),早期应用于健康促进领域,用于解释健康影响因素的多维度多层次性特征,并为健康促进提供理论视角,后被以同样的方式用于体力活动促进研究和实践中。该研究将要建立的体力活动促进社会生态系统模式,吸收了目前研究中采用的社会生态模式观点,同时,又纳入了体力活动促进管理模式的内涵,从而扩展了原有体力活动促进社会生态模式的边界,对于青少年体力活动促进来说,更具有可操作性。

7.1.2 社会生态系统与青少年体力活动促进

社会生态系统理论观点为我们更清楚地理解青少年体力活动不足的影响因素提供了依据,青少年体力活动社会生态系统因子分析及因子结构模式的

---

① 卢启程. 企业管理模式的理论与发展研究[J]. 时代经贸,2006,4(4):71-72.

实证结果也充分证实了个体微观系统因子、中观系统因子以及宏观系统因子的相互作用关系。个体层因子对体力活动的参与水平起主导作用,中观系统因子的社会支持因子、组织社区层因子直接或间接通过个体层因子发挥作用。基于社会生态系统视角的因子分析为青少年体力活动促进项目设计及实施提供科学基础。

基于多维度多层次的社会生态系统因子及其相互作用对青少年体力活动水平产生影响,促进青少年体力活动水平也必然从多维度、多层次的社会生态因子诊断开始,分析评价个体微系统、中观系统、宏观系统元素及结构存在的问题,找出优先干预的因子,从而确定优先干预的项目。那么由谁来设计、开发体力活动促进项目?又由谁来组织管理实施体力活动促进项目?如何保证项目实施的效果?解决这些问题,涉及体力活动促进管理。体力活动促进实际上是对青少年体力活动生态系统的管理,建立完善的组织和组织结构、确定管理的主体和客体、完善组织管理机制是有效促进青少年体力活动的必然选择,特别对于我国行政管理来说,这种直线命令式的组织形式,更能发挥管理的主导作用。

7.1.3 青少年体力活动社会生态系统管理

青少年体力活动社会生态系统管理,是对相关社会生态因素的管理,在管理组织上依赖多部门的通力协作,在管理主体和管理客体上趋于多元化,管理架构应该改变原有的机构模式,设计具有创新性的管理机制,实现青少年体力活动促进。

(1) 管理组织

青少年体力活动促进是青少年健康促进的重要组成部分,是促使青少年维护和改善他们自身体力活动能力和水平的过程,其宗旨是促进其养成良好的运动生活方式。在这个过程中,体育教育主管部门运用行政和管理组织手段,广泛联系、协调社会各相关部门、学校、社区和家庭,通过实施一系列的体力活动促进项目,加强青少年体力活动认知,提高青少年体力活动水平,培养青少年良好的运动生活方式,维护和促进青少年健康。由于这个过程涉及不同层次的利益相关者群体,实施项目多样化,因此青少年的体力活动促进是一项复杂的系统工程,这也决定了管理工作的复杂性,给相关行政部门和学校开展相应的工作带来严峻的挑战。教育行政主管部门单纯依赖行政指令,促使学校独立执行相关政策方针,并不能长效解决目前所面临的青少年体力活动水平下降的问题,必须由他们作为管理领导主体,组织协调一切可能的社会资源,围绕青少年营养、卫生、体育、健康等方面,设计开发青少年体力活动促进项目,建立学校、家庭、社区和媒体协调机制,召集相关领域专家、学者和社会公益机构,协同开展此项工作。

从体力活动的促进内涵中不难看出,体力活动促进实质上是一种组织管理活动,它是在建立完善的组织管理体系基础上,针对青少年及其管理组织的问题,制定青少年体力活动促进战略、政策,研究开发科学有效的体力活动促进项目,并通过计划、组织、协调和控制等项目实施的管理活动,提升青少年体力活动水平,促进其健康发展。组织管理的主体是参与其中的领导者、组织者、促进项目的实施者,他们构成了体力活动促进的出发者和执行者。而管理的客体是青少年以及与青少年利益相关者,包括家长、学校老师、行政部门的一般人员,组织中的其他资源以及组织向外扩张时作用于相关的人、财、物、信息等。所以,青少年体力活动组织从静态结构上表现为不同层次的权力和责任制度安排下的人群集合系统,而从动态管理职能上表现为一系列的组织管理活动和体力活动促进项目管理活动。其中组织本身管理活动内容包括机构设计、适度和正确授权、人力资源管理和组织文化建设等,其目的是实现组织变革,优化组织职能。体力活动项目管理过程包括一系列的诊断、评价、实施、反馈、控制相互联系的过程,最终实现促进青少年体力活动水平提高的目标。

(2) 管理主体与客体

组织管理的主体是管理活动的出发者、执行者[①],对于青少年体力活动促进来说,管理主体范畴主要包括两类人,一类是各级教育部门分管体育行政机构的负责人、学校校长,他们是督促完成青少年体力活动促进工作目标的核心领导人员;另一类是青少年体力活动促进组织中具体执行者如计划、组织、协调、控制活动的人,包括下级体育教育行政部门负责人、学校体育教育负责人、体育教师、班主任、父母以及相关领域专家团体等。

管理的客体是管理活动作用的对象。青少年体力活动水平受到多系统、多层次因素交互作用的影响。这些因素包括由与青少年直接接触的环境因素构成的微系统和与青少年间接接触的中系统以及由文化、意识形态、制度系统等构成的宏观系统。所以,体力活动促进管理的客体呈现出多样性,包括以下几类:

---

① 芮明杰. 管理学:现代的观点[M]. 上海:上海人民出版社,1999.

① 各级行政部门一般人员、学校教师、青少年、家长、社区及媒体等。② 组织中的其他资源,如体育场地设施、器材、社区体育设施、经费、信息等资源。③ 组织向外扩张时作用于相关的人、财、物、信息等。

(3) 管理项目内容

青少年体力活动影响因素的复杂性决定了管理项目的多样性。管理的目标是使各个因素系统向有利于提高青少年体力活动水平的方向发展。在体力活动组织管理制度、政策上,要建立健全青少年体力活动管理组织体系、政策制度体系、监测与评价体系等项目管理保障体系;在组织社区层次上,学校是青少年体力活动促进的核心,因此在项目设计上要紧紧围绕青少年体力活动环境、学校体育教学、课间和课外体育锻炼、营养膳食与卫生等内容展开,建立学校体育与健康促进项目。同时,紧密联合社区,开展社区体育活动,着力改造社区、道路、交通等建筑环境,为青少年的课外运动参与提供充分的保障条件,促进青少年课外体育锻炼;在人际关系层次上,要促使家庭支持青少年体力活动,改善家庭体育环境和一切不利于学生运动的因素,努力营造出良好的家庭体育氛围;在个体层次上,通过学校体育教学、体力活动环境改善,提高青少年体力活动认知和体育参与动机水平,培养多种参与体育运动的能力,增进青少年参与体育活动的积极性,促进体力活动水平提高。总之,青少年体力活动生态系统管理项目内容应该包括一切有利于促进体力活动水平的内容,主要有政策资金保障、学校和家庭以及社区环境改善、学校体育活动推进、体力活动促进能力提升以及青少年体力活动能力提升等。

(4) 管理组织架构

管理主体与客体的多样性,决定了体力活动促进工作的系统复杂性。单一的组织结构形式显然不能满足体力活动促进管理工作多样化与专业化的需要。在组织策略上,选择混合的矩阵制组织结构比较有利于工作的开展。一方面,直线职能结构的纵向领导系统采用规章制度、工作的高度专业化以及权威式的领导,组织结构设置简单,权责分明,信息沟通方便,便于统一指挥、集中管理,保障各项工作顺利进行[①];另一方面,管理工作的项目化,集中了相关领域的专家团队,有利于有效实现项目的设计、开发和实施。其组织结构框架如图7-1所示。

---

① 芮明杰,教育委员会. 管理学:现代的观点[M]. 上海:上海人民出版社,2005.

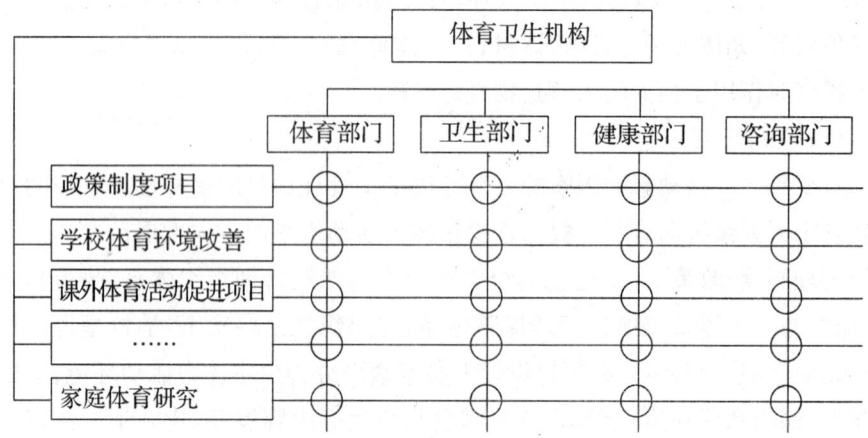

图7-1 青少年体力活动促进管理矩阵制组织结构

直线型组织结构是我国学校体育管理的基本组织结构,各级单位从上到下实行垂直领导,下属部门只接受一个上级的指令,各级主管部门负责人对所属单位的一切相关问题负责。此种组织结构形式结构简单、责任分明、命令比较统一。比如,我国从国家到地方都设有相应的体育卫生管理行政部门,各级部门领导形成直线指挥系统。各级部门领导、下级各职能部门负责人以及各体力活动促进项目负责人具有管理的决策权、命令权和执行权。纵向各部门分别负责体育、卫生和健康的管理工作,通过联合下级行政部门、学校以及社会专家团体实行体力活动促进管理的职能。

各横向项目由相关领域的专家领衔,在体育教育行政部门的领导下,建立相应的项目团队。参与者由各下一级行政部门领导、学校相关负责人以及社会各界相关专家组成。横向项目团队开展项目研究,并配合纵向行政部门指导实施研发体力活动促进项目。纵向职能部门和横向项目系统相互联系、紧密协作和配合,及时沟通情况,协同开展青少年体力活动生态系统管理工作,从而形成直线型组织和专家领衔的项目管理相结合的矩阵型管理组织结构。

(5) 管理组织系统中各要素及职责

青少年体力活动生态系统管理系统中的纵向元素包括省、市、县级体育行政部门及下设的职能部门,以及所管辖的各级学校。横向元素包括体力活动促进各种项目管理的负责人及团队,一般由行政部门聘请相关领域的专家组成。纵向各部门负责战略规划、计划、组织和实施青少年体力活动促进项目,并逐级监督、指导、评价各项管理工作,以使各项工作顺利进行,下级部门元素对上一级部门元素负责。横向项目管理按照行政部门的统一规划,进行体力活动管理项目的设计、开发、实验与实施,其中包括体育课程改革项目、课外体育活动项目、健康促进学校设立与评价等。由于每一个项目的总体设计往往涉及体育、卫生与健康,增强了各纵向部门之间的相互联系与配合,因此在每一个结点上要求各部门进行配合,完成项目的管理与实施。

(6) 管理组织系统运行机制

我国体育教育行政部门分为省、市、县三级,受到同级人民政府领导,并受上级体育教育行政部门领导及业务指导。省级设置省教育厅体育卫生与艺术教育处(简称体卫艺处),市级设置市教育局体卫艺处,县级设置县教育局体卫艺室。各级部门设立体育、卫生与健康、艺术教育职能机构,并受上级部门的直接领导,从而形成树型直线组织,各结点元素负责计划、组织、实施相应的职能工作,工作的直接对象是下级各学校管理客体。

学校的体育与健康教育不仅要求学校顺利开展实施体育教育,而且要在体育教育中融入卫生健康教育,充分体现"健康第一"的指导思想。但直线型各组织元素的工作往往是独立的,限制了体育教育和卫生健康教育的统一性,从而造成了学校体育与卫生健康教育相互脱节和隔离,打破了学生体力活动促进的系统性和整体性。采用横向项目管理组织设计弥补了纵向直线组织的缺陷,实现了各部门的相互联系和协作。纵向行政部门在横向项目组织的决策参谋下,提出将学生体力活动促进的总体规划交由横向项目管理部门详细地设计体力活动促进项目。在实施过程中,各级行政部门相互配合和协作,发挥直线领导的职能,并在横向项目管理团队的协助下,顺利开展各项工作。

7.1.4 相关理论与方法依据

青少年体力活动促进社会生态系统模式的建立必然要遵循相关理论与方法,社会生态系统理论与方法、管理理论与方法以及健康促进相关理论构成了该模式建立的理论依据。

(1) 社会生态系统理论与方法依据

青少年体力活动促进坚持社会生态系统的理论和观点,综合考虑系统的多维性、多层性以及动态发展等特性,从个体微观系统、中观系统以及宏观系统诊断分析影响青少年体力活动的因子及交互作用,探寻青少年体力活动不足的主要原因和次要原因,确定体力活动促进中面临的系统性问题和需求,从而确定社会生态系统中不同层面的优先干预因素和对象,通过设计、开发和实施相对应的综合干预项目,达到促进青少年体力活动的目的。

(2) 管理理论与方法依据

体力活动促进是一项复杂的管理活动,是在我国当前教育背景下,通过计划、组织、领导和控制环节来协调组织资源,以达到促进青少年体力活动目标的过程。它由一系列的管理制度和政策、管理组织、管理流程、管理的方法和技术元素构成,涉及不同的管理主体和管理客体。

(3) 健康促进理论与方法依据

青少年体力活动促进是增强青少年健康水平的主要手段,也是健康促进的重要内容,健康促进的不同层次理论与方法都能够适用于体力活动促进。个体水平行为改变理论、人际水平行为改变理论以及群组与社区水平健康促进理论都将成为体力活动促进模式建立的重要依据。

7.1.5 我国教育背景及青少年生长发育特征

青少年正处于受教育阶段,在当前的中国教育背景下,对其体力活动的促进应该充分考虑到中国的国情。模式的建立一方面要有选择地遵循中国教育的规律、教育制度、教育原则和教育文化,另一方面,对于阻碍青少年健康发展的一些教育制度要敢于提出挑战,敢于面对一切不利于青少年体力活动促进的教育因素。

青少年体力活动社会生态系统是动态发展变化的,随着青少年的不断成长,各层面系统因子的制约作用也会发生变化,体力活动促进项目设计不仅要符合青少年不同时期生长发育的特点,也要考虑其不同生长发育时期中观系统、宏观系统因子的变化。

7.2 青少年体力活动促进社会生态系统模式构建原则

青少年体力活动促进是整体社会生态系统的综合推进。促进的参与者同时也是被促进者。实施促进项目具有多元性,既有个体微观系统因子,也包括中观组织、家庭机构;既有参与其中的群体,也有与之相关的财、物、信息等管理要素。干预对象不是针对某一个人或某一类群体,而是面对所有的青少年学生。所以青少年体力和活动促进模式的构建都应该坚持以下几个原则,以有效改善青少年体力活动生态系统。

7.2.1 机会均等性原则

促进模式所干预的对象是青少年整个群体,群体中每个人都具有同等的享用资源、权利的机会。促进战略规划、计划以及实施要确保照顾到那些最低可能接受干预的对象。

7.2.2 多方参与性原则

青少年体力活动制约因素的多层次性决定了在促进过程中参与主体的多样性。促进的管理者无论是在促进项目设计中,还是在促进项目的实施过程中,都要与青少年各利益相关群体结成伙伴,通过制定政策、协调各方利益关系、优化社会资源从而提高促进项目的实施效果,特别是要动员相关领域专家参与其中,提高促进项目的科学性和有效性。

7.2.3 促进项目多元性原则

体力活动促进是对青少年体力活动社会生态环境的整体治理,不仅要在个体微观系统上改善体力活动行为的社会、生物及心理因素,而且要为青少年持续提供有利的环境条件和机会,所以在促进项目设计时,促进的对象既包括青少年个体,又包括个体之外的学校、家庭、社区、媒体,乃至社会制度、政策和意识形态等。

7.2.4 体质健康取向性原则

青少年体力活动促进的目的是促进青少年养成良好的运动生活习惯,在促进项目设计时,各项活动要为青少年健康水平发展着想。体力活动促进关联着青少年心理健康和社会适应能力、运动竞赛、营养卫生等多方面的问题,体力活动的促进要结合与青少年健康相关的其他各种因素一同推进,更有效实现青少年体质健康促进。

7.2.5 监测与促进协同原则

体力活动促进项目的管理过程是一个监测与促进协同并进的过程,在这个过程中,要不断地通过体力活动行为、政策环境、组织过程监测与评价检验干预中的问题与需要,检验促进的整体效果,确保促进行动向既定的目标迈进。

7.2.6 组织发展原则

体力活动促进促使个体体力活动行为的改善,为青少年体力活动增权,同时,也是社会生态系统中的中观系统、宏观系统组织的革新与发展。体力活动促进组织的能力提高,为青少年体力活动促进提供了强有力的动力。

7.3 青少年体力活动促进社会生态系统模式

青少年体力活动社会生态系统的管理组织设计、组织结构、管理主体与客体管理元素以及管理运动机制的探讨在实践上为模式的建立提供了参考,并且在遵循社会生态系统理论、管理理论以及健康促进相关理论的基础上,结合了模式的构建原则,本研究建立了青少年体力活动促进社会系统模式,为青少年体力活动促进的管理实践提供了综合的实施框架。

7.3.1 青少年体力活动促进社会生态系统模式构建

基于社会生态系统观点,我们系统分析了影响青少年体力活动的社会生态因子,其中主导青少年体力活动水平的内因是青少年的体力活动认知、体力活动动机、态度、体力活动能力以及体力活动自我效能等个体层面因素,但青少年自身微观系统因素受到人际关系层次因素和社区组织层面因素等外部因素的影响,所以单独干预某一因素,并不能有效达到青少年体力活动促进的目的,只有通过实施综合的体力活动干预项目,优化青少年体力活动社会生态系统因子及因子结构,才能从根本上改善青少年体力活动环境、提升青少年体力活动动机水平、提高青少年体力活动技能,促使青少年逐步养成运动的生活方式。

实施有效综合的体力活动促进项目,对体育教育行政管理部门和学校提出严峻的挑战。首先,要求管理组织具有项目设计和开发能力;其次,管理组织在项目实施过程中具备较高的组织能力,能够有效完成一系列的组织诊断、评价、监督和控制过程。管理部门在实施青少年体力活动促进过程中,一方面,逐步完善组织结构和组织制度,提高自身的组织能力;另一方面,不断优化组织管理流程,提高体力活动项目管理的效率,增强体力活动促进项目实施的效果。由此,青少年体力活动促进从外部组织上表现为一系列的组织诊断、评价、监督、控制等管理过程,从内部功能上表现为依托一系列体力活动促进项目,改善青少年体力活动社会生态因子结构,促进青少年体力活动水平提高,由外向内构成了组织管理和项目干预一体化青少年体力活动促进社会生态系统模式（APAP－SEM：Youth Physical Activity Promotion Social-Ecological Mode），系统结构如图7－2所示。

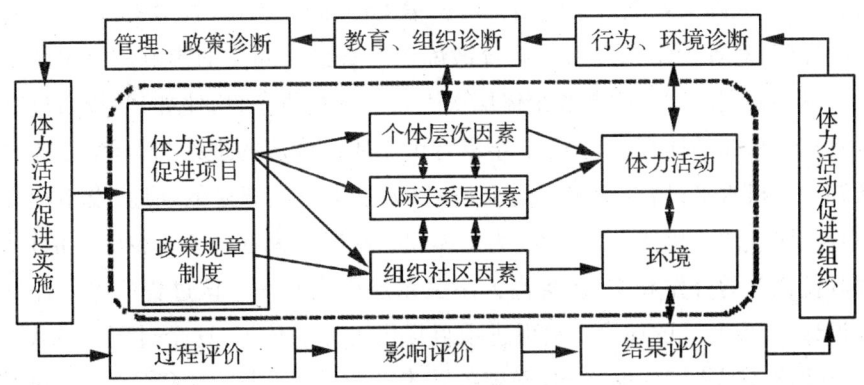

图7-2　我国青少年体力活动促进社会生态系统模式

7.3.2　青少年体力活动促进社会生态系统模式运作流程

从图7-2可以看出，青少年体力活动促进模式在内部项目设计上围绕青少年体力活动生态系统因子及因子结构，综合开发促进项目，改善青少年体力活动生态环境，促进体力活动水平提高。在外部组织过程上分为上下六个管理活动，构成了一个循环往复的组织过程。首先，青少年体力活动促进组织建设与发展是该模式的重要组成部分，也是模式运作成效显著的重要保障。它不仅是体力活动促进的实施者，而且是体力活动促进的对象。在整个促进过程中，组织不断完善自身的结构和功能，创新组织模式，提高项目的管理能力。其次，组织通过循序渐进的六个管理过程，实现体力活动促进项目的管理，这个过程如下。

过程1：青少年体力活动行为以及环境的诊断，此阶段主要描述青少年体力活动行为以及环境决定因素（风险因素）。体力活动诊断也称为体力活动水平评价，包括4个步骤：① 客观测量获取体力活动数据；② 根据已有的体力活动分类标准，评价青少年体力活动水平状况；③ 评价体力活动方式；④ 描述分析青少年体力活动存在的问题。环境因素是指个体之外、非个体所能控制的社会和物质因素，比如社会制度、社会文化、社会价值观点等，可以通过这些因素的改善，支持青少年体力活动行为的改变。环境诊断过程包括：① 鉴别出可以改变的体力活动环境决定因素；② 评价各环境决定因素对青少年体力活动水平的影响程度；③ 诊断评价各环境因素的可改变性程度；④ 确定环境因素改变目标。

过程2：教育、组织诊断，主要确定影响青少年体力活动的个体层、人际关系层以及组织社区层因素及水平，这些因素共同决定了体力活动行为和环境问题。个体因素是体力活动行为的先导因素，包括个体体力活动认知、态度、动机、能力、信念等。人际关系层因素包括父母长辈支持、同学支持、教师支持、朋友支持等，这些因素对青少年积极参与体育锻炼产生直接或间接的影响。组织社区因素为人际关系层次因素改善和个体层次因素水平提供条件，比如，学校通过有效的体育教学和课外体育活动组织，丰富青少年体育锻炼的理论知识，增强体力活动认知和动机水平；培养青少年运动技能；为学生提供充足的场地、设施和良好的体育文化氛围。再比如，以学校为主体，联合社区、家庭改善青少年生活环境，加强利益相关的合作和交流，提高人际关系层因素水平。该过程的诊断评价活动为设计、开发有效的体力活动促进项目提供可靠的依据，这个过程包括：① 分层分类评价各层次因素的影响，确定各因素的重要性（直接性和紧迫性）和可改变性（难易性、所需资源、时间等）；② 排列不同类型因素的干预顺序，评定因素之间关系，确定优先干预因素类别；③ 确定同类型中优先干预的因素。

过程3：管理政策诊断，主要在前两个过程基础上，根据拟解决问题的优先问题、优先因素和具体目标，系统设计、开发体力活动促进综合项目，诊断评价项目实施的可能性、难度和可操作性。项目实施成功与否，很大程度上取决于项目实施的制约因素，包括政策、制度、组织以及人力、物力、财力资源。管理政策诊断的目的就是充分了解组织机构内可能促进或干扰项目实施的政策、资源和能力，帮助计划制订者确定项目成功实施的关键管理因素。管理、政策诊断主要包括：① 政策、规章制度诊断，确保项目的组织与实施具备一套标准和规则，用于指导和保障组织开展管理活动。② 组织诊断，评价组织协调人力、物力、财力以及社会关系的能力。③ 资源诊断，评价项目实施是否具备人、财、物、时间以及信息资源。通过管理政策诊断一方面确定项目有效性及可实施性，另一方面，建立完善的政策制度体系，保障项目实施顺利进行，同时，确定项目实施所需的资源，并尽可能满足项目实施的资源需求。

过程4：过程评价，主要是在项目实施过程中，对项目的执行情况、组织的变化情况、项目进展完成情况等进行监控，及时发现项目执行过程中的问题及问题来源，并通过组织调控手段加以解决，保障项目按原计划目标运行而不偏离目标太远。这个过程，特别要求组织具备较高的管理和创新能力，能够协调组织资源、优化组织结构以适应项目实施过程中的需求。

过程5：影响评价，主要对不同层面系列综合项目的实施是否给相关因素水平以及组织本身带来影响进行评价。一方面,在个体层面上,评价个体体力活动认知、态度、动机及运动技能是否得到改善,体力活动行为是否发生变化;人际关系层面上,评价社会支持力度是否有所提高;组织社区层面上,评价学校、家庭、社区体力活动环境、体育教学、课外体育活动、体育硬件设施等是否得到改善。另一方面,项目的实施给组织本身也带来一定的影响,通过影响评价,判别组织资源、能力支持项目实施需求程度,通过持续的组织创新、组织变革以及制度化建设,提高组织体力活动促进能力(增权)。

过程6:结果评价。一个好的体力活动促进项目,最终目的还是提升青少年体力活动水平,培养青少年良好的生活习惯。但达到这个目的需要通过一系列的组织变化,无论项目是在实施过程中,还是终期,组织管理主体及客体都会受到直接或间接的影响而发生变化。学校、家庭、社区、媒体等相关利益者群体意识也会得到加强,并逐渐把这种意识转变为实际行动,积极寻求促进青少年体力活动的方法,决定采纳或系统发起一系列的行动,实现组织创新和阶段性跃迁。结果评价是一个全面的评价,评价项目实施是否完成预定的目标,是对青少年体力活动行为的变化、体力活动环境改善、体力活动组织能力、组织创新与变革等内容进行评价。同时,结果的评价也是过程1的有机组成部分,评价结果为下一体力活动促进过程提供了基础。

7.3.3 青少年体力活动促进社会生态系统模式特点

青少年体力活动促进是一个系统的组织过程,从本质上看是一个组织管理活动,具有管理活动的一切特征,包括决策、计划、组织、执行和控制等;从系统角度来看,具有系统的整体性、层次性、动态性、目的性等特征。同时,它又是一种比较特殊的管理活动,在管理主体、管理客体、管理过程中具有其独有的特点。

(1) 管理主体多层次性、松散性

青少年体力活动促进组织的管理主体在纵向上表现出行政管理的层级性。体育教育行政部门分为国家级、省级、市级及区县级,学校是直接的管理对象也是组织的管理主体,学校的管理又具有一定的层次性。下一级的管理主体接受上一级管理主体的直接领导,并对上一级负责。层次的严明性,为体力活动促进项目的顺利开展提供保障,提高了管理活动的效率,但由于体力活动促进项目的复杂性和多样性,有时行政部门和学校并不具备设计和开发有效促进项目的能力,在政策和项目执行过程中,就可能会缺乏专业的指导,所以,必须吸纳社会各界相关专家参与到组织中来,协同行政部门和学校开发综合的干预项目,这部分人员构成了横向项目管理的主体,他们有可能既不是该组织行政部门人员,也不是促进学校人员,管理起来相对比较松散,需要建立一定的利益机制,协调组织间关系。

(2) 管理客体多样性

体力活动促进的最终目标是实现青少年体力活动水平提高,但在这个过程中需要通过一系列的中介目标的达成而实现,比如学校、家庭、社区体育环境改善等,从而决定了组织过程中管理对象的多层次性、多样性和复杂性,不仅包括被管理的各层级人、财、物、时间和信息资源,而且体力活动促进组织本身也成为管理的客体。

(3) 组织阶段变化性

组织改变的阶段理论认为组织的创新要经历一系列的步骤或阶段,为了创新的发展和成熟,在每个阶段都需要一套相应的策略[①]。库尔特卢因(Lewin)是计划变革理论的创始人,他强调阻碍组织改变发生的因素,并提出了克服阻碍的机制,即"组织变革过程模型"[②],组织变革需要经过"解冻—变革—再解冻"的三阶段变化,这三个阶段是:① 对旧的行为和态度进行解冻;② 通过接触新的信息、态度和理论而变革;③ 通过对改变的强化、巩固和支持进行"重新冻结"。青少年体力活动促进组织同样具有阶段性变化特点,促进工作初级的目标就是要改变组织中相关主客体原有的对青少年体力活动的认识和态度,在具体措施上可以采用政策、制度等行政手段,不断向组织输入体力活动与健康、体力活动与学习成绩等有利于增进体力活动意识的理论、方法和技术,在资金、技术、资源上给予相应的支持,使相关的学校、家庭、社区和行政部门组织成员逐渐得到改变,然后通过评价、激励、奖惩等制度不断强化、巩固和支持体力活动促进行动,从而实现组织能力的跃迁。

(4) 促进项目异质性和统一性

青少年体力活动促进项目包括个体层因素干预、个体间层次因素干预以及组织社区层因素干预,每一层次的干预内容具有较大的差异性。在项目设计和开发过程中,需要综合运用到三种不同层次理论类型:① 个体水平行为改变理论,比如健康信念模型、阶段变化理论、自我效能理论等;② 人际水平的行为改变

---

① 李枫,傅华. 现代健康促进理论与实践[M]. 上海:复旦大学出版社,2003.10.

② Kurt Lewin. Quasi-stationary social equilibria and the problem of permanent change [J]. Organization Change: A Comprehensive Reader,1947,73-77.

理论,比如,社会认知理论;③ 群组与社区水平健康促进理论,比如,组织改变理论、创新扩散理论等。所以,不同类型的项目具有较大的异质性。但这些项目的目标是统一的,要么是直接促进青少年体力活动能力和水平的提高(个体增权),要么是通过提高组织体力活动促进组织能力(组织增权),间接对青少年体力活动能力和水平产生影响。

7.3.4 青少年体力活动促进社会生态系统模式实施的关键要素

APAP-SEM 的模式的提出为青少年体力活动促进的组织、管理、项目设计、开发与实施提供了蓝图,模式的成功应用依赖于以下几个重要元素。

(1) 体力活动促进组织的架构是前提

开展青少年体力活动促进,必须首先建立一个专业化组织团队,并通过计划、组织、人员管理、指导与领导、控制等管理活动实现管理目标。在组织结构上采用纵向直线型领导和横向项目管理的矩阵型结构比较有利于项目的实施。组织的团队成员由不同层级的单位和相关领域专家团队构成。

(2) 体力活动促进制度、政策是保障

在体力活动促进过程中,项目的成功实施依赖于一系列的制度和措施,制度和政策一方面对各级组织实施项目所需要的资源提出一定的要求,比如,人、财、物等;另一方面,通过监测、评价制度和政策不断激励、支持各级组织,实现组织变革,并最终使体力活动促进成为组织的常态化工作。

(3) 体力活动促进项目是关键

青少年体力活动促进在本质上是通过组织实施一系列的促进项目的管理活动。项目的科学性、有效性是提高青少年体力活动水平,改善青少年体力行为和环境的关键因素,APAP-SEM 虽然没有提供促进项目的理论依据,但却提供理论综合应用框架,考虑到不同层次因素干预的差异性以及因素之间的关系,促进组织成员可以参照不同层次干预的理论进行综合设计项目,保障项目在组织、社区、个体间、个体层次上都能够得到改善。

(4) 组织变化是灵魂

APAP-SEM 最基本的假设是青少年体力活动行为本身是复杂的,受到多层次、多因素交互作用影响,单独干预某一因素,并不具有长期有效性,在促进过程中需要采用综合干预模式,促使影响青少年体力活动水平的内部因素和外部环境得到改善。组织协调各层次、各水平利益相关者是成功实施促进项目的核心元素,它不仅掌控着组织各种管理行为,而且制约着组织实施的成效。组织通过对一系列项目的实施和流程控制,实现管理职能,同时,经过循环往复项目管理实现组织变革,提高组织能力,增强组织的成效。离开了组织,一切工作都无法开展;离开了组织变化,体力活动促进成效很难得到保障。

7.4 本章小结

在青少年体力活动促进这一系统工程中,组织建设是前提,制度政策是保障,促进项目是关键,组织变化是灵魂。完善青少年体力活动组织、建立直线型组织与横向促进项目管理相结合的矩阵型管理架构,有利于设计、开发和有效实施体力活动促进项目,协调各利益相关者群体和社会资源,提高政策的执行力度和执行效果、效率和效益。不同层次水平因素及环境诊断、评价、干预、控制、再评价的多阶段组织流程模式,有助于提高组织能力、实现组织变革与创新,从而对于提高项目实施效果,改善体力活动环境,增强青少年体力活动能力,促进青少年体力活动水平提高,有着重要的理论意义和实践价值。

第8章　青少年体力活动促进江苏模式案例分析

自1995年颁布《全民健康计划纲要》以来,针对学生体质健康水平下降,特别是耐力、力量水平严重下降以及近视率水平上升的趋势,我国政府于2007年下发了《中共中央国务院关于加强青少年体育增强青少年体质的意见》(中发〔2007〕7号)文件,明确规定了青少年阳光体育锻炼一小时和学校体育设施建设内容。各地方根据中央7号文件要求,制订该地方的体质健康促进方案,广泛开展"全国亿万学生阳光体育运动",认真贯彻"每天锻炼1小时"的要求。从落实中央7号文件情况来看,推进速度还比较慢,工作力度仍需进一步加大,需要建立长效机制[①]。在推进中央7号文件的过程中,各地方行政部门和学校面临着制度、资金、政策、措施等一系列困难。在当前教育考试制度下,教育部门和学校片面追求升学率的现象难以扭转,消减、挤占体育课时现象仍然存在,学校体育卫生师资队伍缺乏、培训不足[②]。地方行政管理部门和学校在多种因素制约下,对政策的执行能力略显不足。2010年全国学生体质健康监测结果表明,学生体质健康状况总体有所改善,下滑趋势得到初步遏制,但中小学的肥胖检出率、视力不良率持续增高,大学生的各项素质持续下降。显然,国家政策执行力度远远没有达到预期的要求,这与国家政策执行不力、学生的体力活动得不到保障有着直接关系,但同时也显示了学生体质健康促进工作的复杂性和难度。2012年,国家又下发了《关于进一步加强学校体育工作的若干意见》(国办发〔2012〕53号),对具体完善青少年体质健康测试和评价制度、加大学校体育投入力度及实施学校体育三年行动计划等具体内容做了详细规定。国家下决心扭转学生体质健康水平薄弱的局面,从政策、制度、资源上给予了充分的保障和服务,客观上要求各地

---

① 刘海元. 全国教育系统落实中央7号文件的基本状况[J]. 体育学刊,2008,15(3):47-51.

② 刘海元. 部分省市落实中央7号文件的现状调查与建议[J]. 首都体育学院学报,2009,21(4):388-390.

方政府能够真正行动起来,根据当地实际情况,在给予政策、制度、资金保障的同时,切实参与到学生的体力活动促进实施中来,以提高政策的执行力度,增强自身的体质健康促进能力,提高执行效果。

江苏省在学生体质健康促进方面走在全国的前列。2008 年,根据中央 7 号文件要求,出台了《中共江苏省委、江苏省人民政府关于切实加强青少年体育增强青少年体质的意见》(苏发〔2008〕3 号)文件。2009 年 7 月 29 日,颁布了《江苏省青少年体质健康促进条例》,并于 2009 年 9 月 1 日起在江苏省全面施行。这部条例是全国首部专门针对学生体质健康促进的地方性法规,它以《中华人民共和国教育法》等法律、行政法规为依据,从省经济社会发展和学生体质健康促进的工作需要出发,着重突出解决学生体育活动、卫生营养问题,并对保障监督、法律责任等方面做了具体规定,全面规约了政府、学校、家庭和社会的相关责任,具有较强的针对性和可操作性,充分体现了江苏省在学生体质健康促进方面的决心。2010 年 7 月,江苏省重点围绕学校体育,开始启动江苏省青少年体质健康促进工程,在全省 13 个地级市建立了 82 所覆盖 7～17 岁各年龄段的中小学试验点校和 10 所高校点校,初步形成体质健康促进网络,并开始实施江苏省青少年体质健康状况监测与公告制度,以学生的体力活动促进工作为抓手,全面开展健康促进工作。2010 年 12 月依托于南京师范大学设立江苏省学生体质健康促进研究中心参谋机构,聘请体育、卫生、健康、体育课程等相关领域专家作为中心组成人员,围绕着学生的体育锻炼不足、体力活动低水平的状况,设计、开发和实施一系列的促进项目,所以,江苏省学生体质健康促进工程的核心目标是促进学生体力活动水平,提高学生体质健康水平。

本章将在概述江苏省学生体质健康促进工程的基础上,分别从青少年体力活动促进生态系统特征、管理组织、管理运作流程、实施效果评价四个方面详细探讨该案例,论述 APAP-SEM 的有效性,确定青少年体力活动促进关键的成功因素和控制方法,并最后确定促进青少年体力活动水平、提高青少年体质健康水平的途径。

8.1 青少年体力活动促进江苏模式与运作概述

为深入贯彻《江苏省学生体质健康促进条例》和《中共江苏省委江苏省人民政府关于加强青少年体育增强青少年体质的意见》(苏发〔2008〕3 号),全面提升学生体质健康水平,努力办好人民满意的教育,从 2010 年起,江苏省以学生体质健康促进工程为契机,开始全面实施学生体质体力活动促进项目。

8.1.1 指导思想

坚持以邓小平理论和"三个代表"重要思想为指导,深入贯彻落实科学发展观,牢固树立"健康第一"的理念,把学生健康成长作为学校工作的出发点和落脚点,把促进学生体质健康作为实施素质教育的切入点和突破口,不断提升广大学生的健康素质,努力营造全社会关心支持学生成长成才的良好氛围,为实施科教与人才强省战略、又好又快推进"两个率先"奠定坚实的基础。

8.1.2 总体目标

以政府主导、部门合作、社会联动为支撑,以构建学校、村居社区、家庭三位一体的服务体系为主线,以体育锻炼、健康教育、疾病防控和氛围营造为重点,大力实施健康素养提升行动、体育活动推进行动、卫生服务改善行动和心理健康促进行动,进一步提高全社会对学生体质健康促进工作重要性的认识,进一步优化学校、村居社区、家庭的学生体质健康促进工作环境条件,进一步培养学生自觉参加体育锻炼、提高健康素质的主体意识,建立健全学生体质健康促进工作长效机制。到2015年,全省学生体质健康各项指标明显改善,体质健康水平进入全国先进行列。

① 以教育、体育、卫生等部门为实施主体,促进社会各界广泛支持的学生体质健康促进工作社会化管理模式初步建立,学校体育卫生工作层次和管理水平全面提高,推进学生体质健康促进工作的社会环境更加优化、公众参与更加广泛、服务体系更加健全。

② 大中小学层次分明、逐年递进、科学衔接的体育课程体系基本建立,学校按规定开设体育课,体育课程改革深入推进,体育教师队伍素质明显提升,教体融合加快发展,阳光体育运动蓬勃开展,学生每天在校体育锻炼时间不少于1小时,参加体育锻炼的意识和能力显著增强,普遍达到《国家学生体质健康标准》的基本要求。

③ 学校健康教育课程体系、心理健康咨询与干预工作进一步完善,中小学生每学期接受健康教育课堂教学不少于7课时,学生健康知识知晓率不断提升,卫生防病和自我保健能力、心理健康水平和社会适应能力明显提高。

④ 学校卫生纳入公共卫生服务体系重点推进,医教结合不断深化,以学校卫生保健机构和卫生专业技术人员为核心的管理工作体系逐步完善,学生常见病、

传染病防治和食品卫生安全工作全面加强,学校突发公共卫生事件发生率维持在低水平。

⑤ 学生体质健康促进工作经费保障机制建立完善,学校体育和卫生设施建设达省以上标准,公共体育和卫生设施条件达规定要求。

8.1.3 重点任务

重点任务围绕健康素养提升行动、体育活动推进行动、卫生服务改善行动以及心理健康促进行动展开。

(一) 健康素养提升行动

(1) 加大学校健康教育工作力度

把健康教育纳入中小学教学计划,师资、课时、教材、教具、活动等落实到位;高校、中等专业学校开设健康教育选修课或讲座,开展各类健康教育活动。

(2) 推进健康促进学校创建工作

以创建健康促进学校为抓手,发挥典型示范引领作用,整体推进学校健康促进工作,全面提升学生健康素养。到2015年,全省健康促进金牌学校、银牌学校和铜牌学校达中小学总数的50%左右。

(3) 实施学生健康素养评价制度

研究制订学生健康素养评价办法,定期组织开展评价,逐步完善激励反馈机制。

(4) 营造良好社会氛围

通过电视、广播、报纸、网络等媒体发布公益广告,免费向村居社区和学校发放健康教育资料,开展"全民健身大讲堂环省行"活动,提高全社会对科学合理膳食、参加健身活动以及养成健康行为习惯对学生成长成才重要性的认识。

(二) 体育活动推进行动

(1) 提高学校体育课程实施质量

严格执行国家课程标准,开足上好体育课,鼓励高中及以上学校开设相关选修课。紧密结合地方课程与校本课程的开发建设,深化教学内容、教学过程、教学评价改革,保证教学质量,形成各个学校自己的特色。

(2) 开展学校阳光体育运动

严格执行大课间体育活动制度,保证学生每天在校锻炼时间不少于1小时。

开展内容丰富、生动活泼的体育活动,提高学生参加体育锻炼的主动性、积极性,培养学生自觉健身的良好习惯。

(3) 保证学生体育运动强度

积极开发、优先选择有氧耐力、力量、速度等适合不同年龄段学生的体育项目作为体育教学、课外活动和体育竞赛的内容,不断加强学生体质。

(4) 组织课余训练和竞赛活动

坚持因地制宜、因材施教,进一步加强学生课余体育训练,组织开展体育竞赛活动,形成大中小学相互衔接的学校体育训练和竞赛体系。

(5) 提升体育设施的利用率

学校体育设施和公共体育设施按规定向学生开放,鼓励其他校外机构的体育设施优先为学生提供服务。

(三) 卫生服务改善行动

(1) 健全学校卫生工作体系

建立区域性中小学卫生保健机构,完善学校各项卫生规章制度,寄宿制学校均设立卫生室并取得《医疗机构执业许可证》,非寄宿制学校均配备卫生专业技术人员或保健教师。疾病预防控制机构和基层医疗卫生机构按规定落实专人负责指导所在地区的学校卫生工作。

(2) 指导学生科学营养膳食

建立中小学生营养干预机制,组织制订不同年龄段学生营养膳食标准,学校食堂配备专(兼)职营养配餐师,指导学生合理膳食,改善学生营养结构,努力降低学生超重率和肥胖率。

(3) 落实学生健康体检制度

每年组织1次学生常规健康体检,确保学生体检率达100%。建立学生健康档案,完善健康公共服务系统,搭建学生健康服务信息平台。

(4) 加强学生常见病和传染病的防治工作

制订学生常见病和传染病防治工作规划,开展以近视、肥胖、龋齿为主要内容的常见病防治工作。严格执行查验预防接种证制度,按照国家免疫规划程序做好适龄学生疫苗接种或补种工作。完善学生缺课监测网络体系,进一步加强学生缺课监测,有效控制学生常见病和传染病疫情的发生。

(5) 开展大学生紧急救护培训

制订大学生紧急救护培训计划,并将其纳入公益性应急救护培训项目,组织开展相关培训工作,不断提升大学生紧急救护技能水平。

(6) 做好突发公共卫生事件防控

充分发挥学校公共卫生三级防控体系作用,定期开展突发公共卫生事件应急演练,全面提高学校公共卫生事件防控水平。

(四) 心理健康促进行动

(1) 提升学校心理健康教育水平

针对不同年龄阶段学生身心发育特点,组织开展形式多样的心理健康教育活动。开展学生心理健康和社会适应能力测评工作,并将其纳入学生体质健康监测体系。

(2) 注重学生心理干预

学校普遍建立心理咨询室,配备专兼职心理咨询师,高度关注、及时发现学生心理问题,建立学生心理危机案例库,加强与校外心理疾病治疗机构的沟通合作,做好心理危机干预和转介工作。

(3) 探索学生心理健康促进模式

深入分析当前学生存在的主要心理问题及影响因素,突出学校指导、家长配合、社会支持的综合效能,逐步建立学校、家庭、社会三方合作的学生心理健康促进模式。

8.1.4 职责要求

为顺利实施各项学生体质健康促进行动,江苏省对各级政府及相关部门以及学校、家庭、村居社区、科研机构、社会团体、企业、公共媒体等单位提出了如下要求。

(一) 各级政府及相关部门

切实加强对学生体质健康促进工作的组织领导,建立健全学生体质健康促进工作体系,研究制定增进学生体质健康的相关政策,及时解决学生体质健康促进工作中的有关问题。

全面推进素质教育,完善体育中考制度,正确评价学校教育质量,把学生体质健康状况作为评价地方政府、部门和学校工作的重要依据。定期监测并公告学生体质健康状况,督促指导学校落实《国家学生体质健康标准》测试报告书制度、公告制度和学生每年健康体检制度,加大对学校体育、卫生等工作的督查指导力度。

把学生体质健康促进工作所需的经费纳入财政预算,加大对学校体育卫生等设施设备的投入,促进各级、各类学校体育卫生设施均衡化,确保所有学校体育卫生条件达省级以上标准。

组织实施村居社区体育、卫生工作发展规划,促进公共体育设施和村居社区卫生资源为学生服务。着力加强学生基本医疗保障工作,将学生纳入城镇居民基本医疗保险或新型农村合作医疗制度的保障范围。鼓励支持体育、卫生等专业人员进学校、进村居社区、进家庭,努力提升学生体质健康服务的层次和水平。

(二) 学校

完善学校体育工作日常管理机制,深化体育课程教学改革,严格执行《国家学生体质健康标准》。组织开展早锻炼、课间操、课外体育活动、运动队训练,每年举办学校运动会或体育健身周、健身节、体育文化节等多种形式的体育活动,实现人人有体育项目、班班有体育活动、校校有体育特色。

健全学校卫生工作日常管理机制,将健康教育纳入教学计划,落实《中小学健康教育指导纲要》,组织开展各类健康教育活动。每年组织开展学生健康体检,建立学生体质健康档案,科学评价并及时通报学生体质健康状况,指导家长和村居社区做好学生体质健康促进工作。按规定设置学校卫生室,足额配备卫生专业技术人员或保健教师,组织开展学生常见病、传染病的防治宣传教育工作,落实各项防控措施。协助医疗保险主管部门做好学生参加基本医疗保险工作。

(三) 家庭

关注子女身心发育情况,并向子女传授科学健康的生活与卫生知识,减轻子女过重的学业负担,保证子女均衡的营养和充足的睡眠,配合学校做好学生体质健康促进工作。

增强健康意识,激励和引导子女积极参与体育健身、家庭劳动和社会公益活动,培养文明健康的生活方式,为子女营造健康成长的家庭氛围。

(四) 村居社区

指定专人负责村居社区体育和健康教育工作,规划建设村居社区内体育健身设施并定期维护,保证体育设施使用安全。

定期开展符合村居社区特点的体育健身、健康教育和公益活动,不断提高村居社区居民参加活动的积极性,大力营造增强体质、促进健康的良好氛围,努力培养居民科学健康的生活方式。

充分发挥乡镇卫生院、社区卫生服务中心（站）的作用，进一步强化村居社区卫生服务，积极开展疾病防治科普教育，切实增强居民的防病意识和能力。

（五）科研机构、社会团体和企业

协助有关部门研究制定增进学生体质健康的政策措施，配合开展学生体质健康水平监测与评估。

加强学生体质健康科研工作，制订适合不同年龄段学生的体育活动和营养膳食工作指南，为政府及部门、学校采取干预措施提供科学依据。

社会团体和企业发挥自身优势，主动加强与学校的联系沟通，积极支持学校开展学生体质健康促进工作。

（六）公共媒体

牢固树立主动服务意识，研究制订学生体质健康促进宣传规划和年度计划，并建立健全相应工作制度，引导全社会树立科学的教育观、人才观和健康观。

通过健康专栏、公益广告等形式普及健康促进工作相关知识，宣传报道学生体质健康促进工作中好的做法和典型经验，着力增强宣传教育效果，大力营造良好的舆论氛围。

8.1.5 保障措施

（一）加强组织领导

市、县人民政府要把学生体质健康促进工作纳入社会事业发展总体规划，建立由相关部门组成的学生体质健康促进工作联席会议制度，定期或不定期召开会议，及时研究解决学生体质健康促进工作中的重要问题。教育行政部门作为牵头单位要统筹协调有关工作，卫生、体育等部门要加强业务指导和服务工作，各级、各类学校要建立健全工作机制，努力形成各方支持学生体质健康促进工作的强大合力。

（二）重视队伍建设

根据中小学教育教学需要，科学合理配置中小学教师编制。学校按规定足额配备体育教师、健康教育教师和卫生保健专业人员，制订并实施体育、健康教育教师岗位专业标准，加强教师在职培训与考核管理工作，提高和坚持体育教师、健康教育教师的专业素养、教学能力和敬业精神。配备充足的村居社区体育、卫生专业人员，指导村居社区开展体育和卫生服务。

（三）强化管理评价

加快建设学生体质健康信息集成平台，真正实现学生体质健康监测、分析、评价、公告、干预的信息化、网络化和标准化，不断强化学生体质健康状况的动态化管理。研究制订学生体质健康促进工作的评价内容和方法，对村居社区、学校、家庭等进行监督评价，努力形成具有江苏特色的学生体质健康促进工作的监督评价体系。

（四）完善保障机制

将学校和村居社区的体育卫生设施配备优先列入相关建设规划，加快标准化建设步伐。把学生体质健康促进工作所需经费纳入当地教育事业的经费预算，确保专款专用，并逐步建立起以政府投入为主、社会力量积极支持的经费保障机制。省级财政安排的学生体质健康促进工作专项经费，主要用于省级站点监测与研究机构承担的监测、公告、研究等工作的必要开支。建立学生体质健康促进工作激励机制，制定《江苏省学生体质健康促进工作奖励办法》，对组织有力、措施到位、成效显著的单位和个人予以表彰。

8.2 案例分析

8.2.1 体质健康促进中的体力活动促进

从江苏省学生体质健康促进工程的目标、重点来看，体力活动促进是达成学生体质健康促进目标的主要手段，为提高学生体力活动水平，工程重点在学生的健康素养提升、学校体育活动推进、学生心理健康以及配套的卫生健康服务等几个方面开展工作，并在政策、制度、社会环境上为促进行动的实施提供条件。体育活动推进行动向学校提出了更高的要求，对于有利于促进学生体力活动水平提高的体育课程、学生的体育运动强度、学校的阳光体育运动以及课余训练与竞赛做出了具体的规定，充分体现了体质健康工程的体力活动促进的主题。

体质健康是学生身体、心理及社会适应所达到的一种良好的状态，也是工程的最终目标，而实现这个目标，必要的手段是提高学生的体力活动水平，通过体力活动的促进，使青少年无论是在体育知识、素养，还是在运动能力、运动习惯上达到国家期望的要求。

8.2.2 体力活动促进的社会生态系统特征

（一）个体微观系统的促进

个体健康教育、体育教育以及心理健康教育，一方面旨在提高学生对体力活动促进体质健康认识水平，提高学生参与体育锻炼的意识和动机水平；另一方面，通过课程的实施、阳光体育运动以及课余训练和竞赛，增强学生运动技能，使他们有能力参与到各种运动项目中，增强参与运动的信心，享受各种运动体验，并逐步养成运动的习惯。

（二）中观系统的促进

在学生体力活动促进项目实施过程中，对家庭、社区、学校以及媒体提出了责任要求。家庭要在营养、健康知识、运动器材以及运动参与上为孩子提供运动支持，并营造良好的健康氛围；学校要积极实施国家体育与健康课程标准，充分保障学生阳光体育1小时的要求，积极开展课外体育锻炼和大课间体育活动，并在体育设施、器材等方面提供支持；村居社区要创造良好、安全的健身环境，维护社区体育活动场地和器材，为青少年提供课外运动的条件；公共媒体要积极参与到学生的体力活动促进项目中来，通过海报宣传等各种手段宣传促进体力活动的信息，大力营造良好的舆论氛围。

（三）宏观系统的促进

在体力活动促进的过程中为保障项目实施的顺利进行，要求各级各单位建立健全学生体质健康促进工作体系，研究制定增进学生体质健康的相关政策，及时解决学生体质健康促进工作中的有关问题。三年来，江苏省建立了一系列的制度，包括会议制度、培训制度、学术研究制度、交流考察制度、信息管理制度、档案管理制度、督导检查制度以及奖励评价制度等，规约体力活动促进的各项行动，有效加强了组织领导，完善了队伍建设，增强了管理评价以及完善了相应的保障机制。从省级到市县级，完善了学生体力活动促进网络体系，建立了各级经费投入机制，保障了各项目的顺利开展。

8.2.3 体力活动促进的管理与组织分析

经过三年的体质健康促进工程的运作,江苏省形成了基于直线组织领导和横向项目管理的矩阵式组织架构,并建立了完善的体力活动促进管理机制。

(一) 管理组织架构

江苏省教育厅根据青少年体力活动促进管理工作的需要,设立了江苏省青少年体质健康促进研究中心(简称研究中心)和体质监测中心(简称监测中心)作为教育厅体卫艺处重要的参谋机构和项目管理机构。研究中心设立在南京师范大学,主要任务是协助省教育厅体卫艺处完成学生体力活动诊断评价、体质健康诊断与评价、学生体力活动环境诊断与评价工作,开展学生体质健康相关的研究,并出台相关研究报告,为行政部门的有效决策提供服务。研究中心实行主任负责制,主要人员由省内外体育、卫生与健康、学校体育课程、学校体育管理等相关领域专家组成。

中心的运作经费来源于省教育厅支持,运作方式采取专家领衔的项目管理机制,在省教育厅体卫艺处的直接领导下,全面参与体力活动促进项目的设计、开发和实施。监测中心负责青少年体力活动、体质健康监测的组织与实施,并通过组织、协调、控制和评价等管理手段,确保获取准确可靠的体力活动、环境、组织等诊断数据。组织结构如图 8-1 所示。省体卫艺处由体育、卫生与健康两部

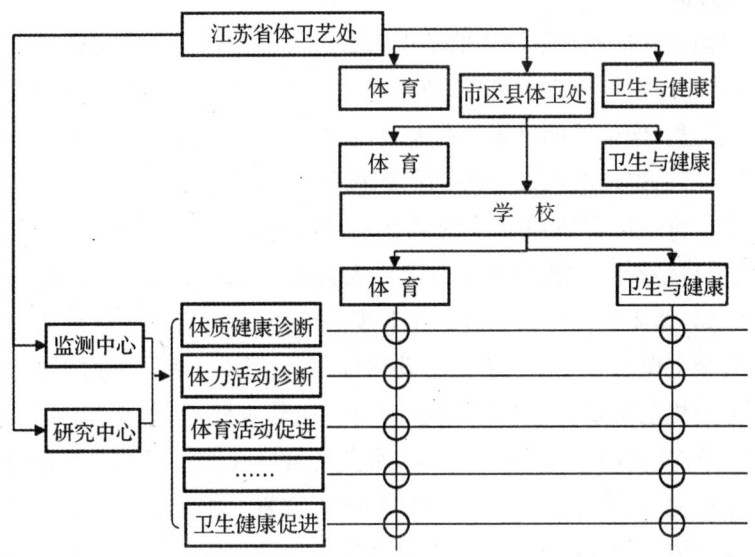

图 8-1 江苏省青少年体力活动促进矩阵制组织结构

门组成,直接领导下级体卫艺处以及学校相关机构,并授权下级各部门、各单位开展青少年体力活动促进项目。研究中心和监测中心是省体卫艺处下设的两个参谋机构,整合了省内外卫生、医疗、体育领域专家,负责设计、开发、辅助实施促进项目,为各级行政部门和学校提供专业的咨询服务和专业技术支持,定期发布体质监测报告和研究报告,逐步形成了各级体育行政部门、相关单位、社区、家庭和学校共同参与青少年体力活动促进项目的良好局面。

(二)管理机制

江苏省在教育厅体育卫生艺术处的行政领导下,针对青少年体育管理,形成了"一处两部、两中心"的职能机构。"一处"指体卫艺处,"两部"指体育部门、卫生健康部门,"两中心"指研究中心和监测中心。组建了主要由各级行政管理领导、学校领导以及专家团队为管理主体的组织体系。建立了直线领导和横向专家领衔制的项目管理的矩阵型组织架构和组织运行机制,各部门之间相互联系、密切协作,共同围绕青少年体力活动环境改善、体力活动促进制度建设、学校体育教学管理、体力活动行为改善以及营养卫生改进等方面,实施综合干预项目,促进青少年养成体育锻炼的习惯和运动的生活方式。在管理过程中,逐步形成了利益驱动、政令推动和社会心理机制相结合的管理动力机制,以及制度约束、利益和责任约束相结合的约束机制。

(1)动力机制

利益驱动机制形成管理动力的基本力量。省教育厅联合省财政厅、卫生厅、体育局、科技厅以及民委六大部门,在省政府的统一领导下,共同参与青少年体力活动促进工程,保证了项目管理在人力、物力、财力、资源等方面的多方支持与帮助。同时,号召地市级行政管理部门积极配合,实现资金配套,并在制度政策上给予保障。每一项促进项目由领域专家专门负责调研、诊断、评价及过程实施,以提供项目经费的方式给予项目运作大力支持。市县级行政部门给当地学校的体力活动、体质监测以及促进工作下拨一定经费,配合项目管理者完成项目实施。在资金上保障每位参与者的劳动权益,大大提高了参与者的积极性。

政令推动机制形成管理的直接推动力。江苏省政府、教育厅自2010年以来,根据学生体质健康促进工程的要求,对市县级行政部门下发一系列的体质健康促进指令性文件,比如《江苏省学生体质健康监测工作方案》《江苏省关于组织开展全省学生体质健康监测工作的通知》《江苏省学生体质健康监测质量监控工作规程》《江苏省学生体育活动推进行动方案》等,有些通过省政府转发给市县级相关部门,有些直接由教育厅下发。通过行政命令手段,在体力活动促进的政策、制度上给予了充分保障,直接推动促进行动的顺利实施。

社会心理机制形成管理的动力源。在资金、政策、制度都提供保障的前提下,参与者和利益相关者能够可持续地参与青少年体力活动促进工作,关键在于他们逐步形成了共同的社会心理和价值观念。青少年是祖国的未来,涉及千千万万的家庭,几乎每一个都是利益相关者,大家对于青少年的健康负有共同的责任。在参与工作的过程中,每位参与者都会受到不同程度的教育,不断增强自身的责任意识和参与工作的能力。经过长期的合作,整个组织形成共同的社会心理倾向,追求统一的目标,从而源源不断地为青少年体力活动促进提供动力。

(2) 约束机制

制度约束。制度在保障管理活动顺利开展的同时,对于系统运行行为产生外部控制力量。江苏省针对学生体力活动促进工作的不同阶段分别建立了一系列的制度和控制措施。比如,学生体质健康监测阶段,首先,从样本的抽取、体质健康的测试方法、测试人员、数据录入过程等方面做了严格的规定;其次,在监测过程中实行监测质量评估体系和现场督察制度,保证各测试单位按照规范的测试方案获取翔实的数据资料;最后,通过奖惩制度对于测试过程中表现突出的单位和个人进行表彰或批评。

利益约束。对利益的追求,是形成人们行为的动机、推动人们活动的动因,所有活动都与利益息息相关。青少年体力活动促进工作也不例外,利益是推动整个促进工作的基本力量,对参与者的活动具有强烈的支配作用,不但具有动力作用,同时对于参与者还具有一定的约束功能。在组织管理过程中,江苏省建立了工作奖惩制度,制订青少年体力活动促进工作的奖励方案,根据诊断评价结果,对相关工作单位和个人进行等级评估,对先进集体、个人进行表彰奖励,而对于成效较差、工作不积极的集体或个人提出批评,以不同形式利益的评价手段给予参与者相关的约束。

8.2.4 青少年体力活动促进项目运作

(一)体力活动促进的多阶段实施过程

江苏省自2010年开始实施青少年体力活动促进项目,相继出台了一系列青少年体力活动促进政策、法规等文件,比如,苏教体艺〔2010〕19号、苏教体艺〔2011〕12号、苏政办发〔2012〕64号等文件。每年定期对测试点校学生进行体质测试。监测中心负责测试点校的测试培训、监测监督、数据审核等工作,最后把有效数据汇总到研究中心,由研究中心负责编写江苏省青少年体质健康蓝皮书,并向社会公布。

2010年是江苏省实施体力活动促进项目第一年,通过体质测试获得基点数据,初步了解青少年体质健康状况,在此基础上,由研究中心组织专家团队开发了一系列青少年体力活动促进项目,制订了青少年体力活动促进行动方案,并逐步在实验点校实施。2011年至今,围绕增强学生体育能力、促进健康水平工作,江苏省教育厅发布并实施了多项行动计划,包括健康素养提升行动、体育活动推进行动、健康服务提升行动以及心理健康促进行动等,并在组织、制度、资金、监督等方面为健康促进项目的有效实施建立了保障体系。随着项目实施的深入,各行动计划又得到进一步细化,在学校体育环境改善、体育师资力量培训、学校体育制度建设、学校体育教学改革、学校体育评价、青少年体育学习评价等方面分别进行了大量的具有改革性的实验工作。

(二)体力活动促进的实施策略

江苏省根据中央7号文件精神,战略规划了青少年体质健康促进工作目标,力争实现青少年体质健康"三升一降"的总体目标。"三升一降"是指学校体育工作整体水平明显提升,学生耐力、力量、柔韧等体能素质明显提升,体育后备人才数量和质量明显提升,肥胖率和近视率明显下降。近几年,围绕该战略目标,江苏省在制定健康公共政策、创造支持性环境、强化社区行动、发展个人技能以及调整卫生服务方向等策略方面做了大量的工作,演绎了具有江苏特色的实施策略。

(1) 政府主导,全面保障

政府主导的青少年体力活动促进工作,反映了领导机构的政治意愿和决心。首先,省教育厅联合相关部门在广泛调研的基础上,针对青少年体力活动不足、体质下降的状况,制订了五年工作计划,进一步细化了体质健康促进目标,根据各分目标的要求,初步建立了相关政策,并进行了管理工作的制度化建设。2009年7月由江苏第十一届人民代表大会常务委员会第十次会议通过的《江苏省学生体质健康促进条例》,是一项标志性的法律文本,彰显了江苏省政府对于青少年体育工作的信心和决心。2010年开始全面实施学生体质健康促进工程,成立了"江苏省学生体质健康促进研究中心"和"江苏省学生体质监测中心"两个重要的参谋机构,重新优化了学生体质健康促进组织。随着工作的开展,建立了一系列关于学生体质健康促进的监测、监督、考评等的政策,为青少年体质健康促进提供了充分的保障。其次,教育厅联合省体育局、卫生厅、省民委、省科技厅、省财政厅共同开展此项工作,在资金上给予了充分的保障,每年把学生的体质健康促进工作列入省财政的支出计划,保障了各级组织开展工作的经费需求。同时,在学校的体育设施、体育器材配备、学校体育环境改善以及社区、交通等方面给予大量的资金投入。最后,具体工作推进由江苏省教育厅体卫艺处负责,通过全面协调社会资源,组织实施体质健康促进项目,并指导、监督下级各部门工作。

(2) 专家领衔,综合推进

在具体的体力活动促进项目上,充分发挥领域专家的作用,提高项目的科学性和有效性。研究中心集中了省内外体育、卫生、健康等领域的专家共同出谋划策,围绕学生体力活动行为改善、学校体育课程、学校体育管理、家庭体育、社区体育、学校卫生与健康、组织与管理等方面,系统综合考虑学生体力活动不足的问题的因素,建立不同层次的促进项目,并通过领导、组织下级机构和学校有计划、有组织地实施项目。同时,积极动员家庭、社会非政府组织参与到青少年体质健康促进工作中来,提高全社会健康促进意识,激发青少年体质健康利益相关者的积极性和主动性,并逐步形成全社会共同参与的局面。

(3) 以点带面,逐步推广

自2010年开始,江苏在全省13个市选择了82所城市和乡村中小学以及10所高校作为监测点校,每年定期对学校的体育教学、校园体育环境、学生体力活动和体质进行抽样监测,并率先在监测点校实施体质健康促进项目。这些学校一方面起到"试验田"作用,另一方面,引领各市全面铺开相应的工作。至2013年底,全省各市都建立了独立的体质健康促进网络,省、市、县三级促进网络逐步形成,覆盖面越来越广,形成了良好的体质健康促进氛围。

(4) 多阶实施,循序提高

体质健康促进项目实施涉及制度、政策、文化、个体行为等多层因素,涉及不同的组织和个体。心理学家创建了阶段变化理论,阐述了个体行为的改变分为前意向、意向、准备、行动和维持5个阶段,行为的改变并非一次性的,需跨越一系列的阶段,而且行为的变化是一个渐进的过程,不可能一蹴而就。组织变化理论也告诉我们,组织的变革也需要经历"解冻—变革—再解冻"的过程,所以无论是个体的体力活动改善,还是体力活动促进组织变化都是一个循序渐进的过程,应该在这个过程中分时期、分阶段实施,并通过不断地监测、评估、系统反馈等手段,提高组织的能力,从而实现青少年体力活动促进目标。从江苏省学生体质健康促进的工程进展来看,2010年是学生体质监测基年,获取了多种基础数据,找出了各领域出现的问题,并有针对性地制订了系列促进项目,在以后的近7年中,不断扩展监测的内容,并逐步推行学生体质健康促进行动计划,基本实现了由下到上各级组织的体质健康促进制度化和由上到下的行政化管理常态化。

(三)体力活动促进管理过程

江苏省青少年体力活动促进管理由确定促进目标、设计开发促进项目、计划组织实施项目、实施效果评价四个过程构成,这四个过程相辅相成,循环往复,动态变化。五年一个大周期,一年一个小周期,最终目标是提高青少年体力活动水平,增强青少年体质,推动青少年身心健康的发展。

(1) 确定促进目标

确定目标的过程也是问题诊断的过程,只有找到问题的症结,才能有的放矢。初始的诊断包括三个层次的监测和评价:一是个体层面,主要了解青少年体力活动水平、体质健康状况水平、个体营养卫生状况、个体运动技能水平、个体运动知识态度价值观等,确定个体主要问题及关键因素;二是组织社区家庭层面,主要了解学校、家庭、社区在青少年体育教育上存在的问题及制约因素,确定学校、家庭和社区一体化干预项目;三是宏观水平层面,主要了解制度、政策、文化、社会价值观等社会环境以及自然物理环境、人造环境中的不利因素,确定软硬件环境的干预目标。

在目标确定的过程中,采取了一系列的不同层面的监测评价手段,比如每年定期编写江苏省学生体质健康状况蓝皮书,每年举行江苏省学生阳光体育运动现场推进会,每年举行江苏省中学体育活动推进会、学生体质监测现场督查等。

(2) 设计开发促进项目

根据不同层次的监测和评价,确定青少年体力活动不足的制约因素和不同层次体力活动促进的详细目标,由教育厅组织专家研讨和制订不同层次的促进方案,比如江苏省体质健康促进行动计划实施方案、江苏省学生体育活动推进方案、江苏省学生健康素养及健康服务提升行动方案、心理健康促进行动方案等;然后根据方案要求详细设计和开发不同层次的促进项目,比如,中小学运动场地塑胶化项目、骨干体育教师培训项目、健康促进学校评估项目、学校体育课程改革项目、学生营养配餐项目、学生体质健康监测项目等。

(3) 计划组织实施项目

计划组织实施是青少年体力活动促进最为关键的环节,也是考验组织管理能力的重要过程。针对不同项目,江苏省教育行政主管部门根据项目专家的决策建议,建立了一整套实施方案,保障项目运作的顺利进行。就每年进行一次的学生体质健康监测项目来说,首先确定了监测学校(实验点校),建立了监测网络;其次,制订了监测项目的具体操作方案、监测人员的培训方案;再次,确立了监测过程的督查方案、监测工作的评价方案和监测结果的反馈方案等。一方面保障了监测工作的规范化、流程化、精细化,确保获取监测数据的准确性;另一方面,通过督查、评比等手段,提高学校参与促进工作的积极性和主动性。

(4) 实施效果评价

实施效果评价是检查项目实施过程和结果的重要过程,包括形成期评价和终期评价。针对不同项目,江苏省分别建立了相应的评价体系,包括评价目标、指标、方法及标准等。形成期评价过程采取了不同的形式,有些项目采取了专家带队到测试点校进行走访调查,检查工作开展的状况,进行现场评价,并把评价结果纳入到年终中期和终期评价的结果中。而有些项目采取了现场会议形式,由行政部门领导带领相关领域专家到测试点校召开项目推进现场会,主要参与学校汇报项目实施状况,或通过现场展示的方式呈现项目的成果。终期评价主要采取定性和定量相结合的方式,针对一年来不同层次的工作进行评估,对于表现突出的组织或个人给予物质和精神奖励。

8.2.5 江苏省学生体力活动促进效果及评述

(一) 江苏省青少年体力活动促进各级组织变化

自 2010 年江苏省开始实施学生体质健康促进工程以来,各级行政部门和学校对青少年体力活动促进认识程度逐渐提高,开始积极主动地参与项目的实施。在项目实施初期,由于各级行政部门的经费落实不到位、管理者重视程度不够等因素的影响,学生整体体质健康促进工作并不顺利。一方面,体质健康促进工程确实给各级行政部门增加了负担,在访谈过程中,我们了解到多数行政部门领导、学校领导以及参与的教师都存在抵触心理,但迫于行政压力,不得不配合完成体力活动促进项目;另一方面,各级行政部门面对突如其来的学生体质健康促进工程,感到力不从心,不知从何抓起。然而,随着项目实施的不断深入和相应配套管理措施的逐步完善,各级体育行政部门以及试点学校,逐渐转变了传统思想观念,认识到学生体质健康促进工作的重要性和紧迫性,开始积极主动参与到项目管理中来。最为显著的变化是各市在市级行政部门的领导下,主动建立了本市的学生体质健康监测和促进网络,学校的领导和老师积极配合各种项目的实施工作，出现了一大批创新性工作成果。比如，大部分的地级市成立了监测中心，编写本市学生体质健康状况蓝皮书，一些学校在省健康促进项目的基础上，自主开发了别具特色的健康促进项目，包括"青少年体质健康奖学金项目""青少年体质健康校讯通项目"等，从而也进一步验证了组织变化的"解冻—变化—再冻结"理论。

从各市学生体质健康促进工程实施督查结果看，整体工作已经深入到各级组织、学校及个体中，各项促进工作能够真正落实到学生身上，提高了学生的健康水平。但不同地区、学校在学生体质健康促进进程上仍存在一定的差异。如果把江苏省学生体质健康促进各级组织变化分为前意识、意识、准备行动、行动、保持五个阶段的话，那么从整体上看，有些地级市已经达到了行动阶段，但有些地级市处于准备行动和行动阶段之间，有些市已经向保持阶段迈进。按照Lewin的观点，江苏省的学生体质健康促进工作正处于"变革"阶段的中后期。总体来看，江苏省学生体质健康促进工作正在实现常态化、制度化，管理过程逐渐从"由上到下"的行政过程转向"由下到上"的工作过程，组织系统的状态从一个状态向另一个状态跃迁，组织的态度和行为固定下来，组织的能力得到较大的提升。

（二）江苏省青少年体育活动开展

江苏省已经全面落实中央7号文件要求，确保学生"每天校园锻炼1小时"。各地、各校严格按照国家课程标准开齐、开足体育课。同时在全省推行大课间体育活动制度，各地因地制宜组织了丰富多彩的活动内容，运动时间充足。另外，还要求各学校每天下午增加一节课外体育锻炼活动，形式多样化，重点突出一定的竞技性、趣味性，提高学生的体力活动水平，并将此项活动真正落实到学生的课程表中。一系列配套措施和体育活动促进方案及行动落实到位，学生的体力活动促进取得显著的成绩。江苏省教育厅厅长沈健在2011年教育部召开的"全国切实保证中小学生每天1小时校园体育活动"电视电话会议上，总结了江苏省学生体育活动开展的成绩，突出表现在以下几个方面。

① 着力提高各级各部门思想认识，把促进学生健康成长作为学校一切工作的出发点和落脚点。

② 严格执行相关规定。学校把每天1小时的校园体育活动作为学校日常教育工作的重要内容，纳入教学计划，列入学校课程，形成制度。

③ 切实加强体育活动的管理。各地教育行政部门结合实际，将校园体育1小时各项要求和措施落实到每一个学校。

④ 不断加大体育经费投入。各地教育行政部门和学校建立健全学校体育经费投入保障机制,全面落实和执行《国家学校体育卫生条件试行基本标准》《中小学校体育场馆设施、器材配备目录》。

⑤ 积极营造良好氛围。各地、各校加大学校体育工作的宣传力度,主动争取新闻媒体支持,努力营造有利于学校实施素质教育和开展1小时校园体育活动的良好氛围。

⑥ 不断强化督导检查。将各地、各校的校园体育1小时活动工作情况,纳入中小学校综合督导内容及评估指标体系,并加强督导检查。

(三)江苏省青少年体质健康水平变化

从连续三次江苏省青少年体质健康监测结果来看,青少年体质健康状况总体上得到了改善,多数学业阶段青少年的平均身高、体重与胸围值都高于2010年水平。青少年身体素质水平总体上较2010年有所增强。各学业阶段学生的速度、上肢力量、耐力、下肢爆发力、柔韧性等绝大多数指标有所提升。各学业阶段男女青少年平均肺活量、肺活量体重指数均高于2010年水平。青少年部分常见病检出率下降,近视低龄化得到初步控制。通过与全国均值数据比较,除青少年肥胖率、超重率、近视率外,江苏省有19项指标总体情况高于全国平均水平。[1][2][3]

8.3 讨论

从江苏省学生体力活动促进的整个工作模式来看,比较符合该研究构建的APAP-SEM,进一步说明该模式对于学生体力活动的有效性。这种有效性取决于体力活动促进组织的创新设计、促进项目的专业化和综合促进项目实施管理的科学化等一系列的关键成功因素,从而实现组织跃迁和学生体力活动水平的提高,增强了学生的体质健康水平。

---

[1] 江苏省学生体质健康促进研究中心. 江苏省学生体质健康蓝皮书——2010年江苏省学生体质健康监测结果报告[R]. 2011.

[2] 江苏省学生体质健康促进研究中心. 江苏省学生体质健康蓝皮书——2011年江苏省学生体质健康监测结果报告[R]. 2012.

[3] 江苏省学生体质健康促进研究中心. 江苏省学生体质健康蓝皮书——2012年江苏省学生体质健康监测结果报告[R]. 2013.

8.3.1 江苏省青少年体力活动促进关键成功因素

江苏省学生体力活动促进工作的有效开展得益于以下几个关键的因素。

① 利益相关者群体统一的管理理念,是健康促进工作顺利开展的原动力。

② 矩阵式组织设计和直线参谋职权的管理模式,既保证了直线制行政命令的作用,又能够充分发挥参谋机构的专业化特点,增强了各级部门管理工作能力,提高了工作效率。

③ 完善的管理制度成为实施有效管理的重要保障。江苏省在青少年体力活动促进过程中,首先进行制度的顶层设计,建立了"四大制度"[①]:一是江苏省学生体质健康促进条例法律制度;二是建立了监测制度,实行大一新生身体素质测试制度和全省学生体质健康监测制度;三是评价制度,逐步完善初中毕业升学体育考试制度;四是合作制度,建立体教联合联席会议制度。其次,针对不同的促进项目进行了一系列的制度化建设。比如,建立了资金保障制度、组织管理评价制度、体质监测规范化制度等。这些制度的建立不仅保障了项目的顺利开展,而且激发了管理组织各层系统的积极性和创造力,把整个工作推向制度化阶段。

④ 专业化体力活动促进项目是青少年体力活动促进的关键,专家领衔制项目设计、开发和参与实施,保证了项目的专业化、科学化,使各项体质健康相关政策真正落实到每一位青少年身上。针对不同层次干预目标,大力开展了四大重点工程[②]:一是保证学生每天校园锻炼1小时;二是积极实施国家学生体质健康标准;三是不断深化学校体育与健康课程改革;四是深入开展学校体育科学研究。在每一个工程领域设计、开发和实施了系列的促进项目。

⑤ 管理机制为体力活动促进工作的开展提供了动力和约束。江苏省学生体力活动促进工作经过三年的努力,逐步形成了表彰奖励机制、督导检查机制、伤害保险机制、考核评估机制以及竞赛训练机制[③],一方面为促进工作的开展提供了强有力的动力和约束机制,另一方面,在各种机制的运作下,促使各地、各学校形成了项目实施的制度化。

⑥ 全社会共同参与是有效实现青少年体力活动促进目标的长效之道,行政部门、学校、社区、家庭、社会团体、媒体等多方参与青少年体力活动促进工作,不仅为管理工作注入新的力量,同时,对于提高全社会共同健康意识,全面推进青

---

①②③ 杜伟. 创新求实 稳步推进——江苏省学校体育工作探索与实践回顾[J]. 体育教学, 2012, 1(6): 31-33.

少年体力活动促进工作有着重要意义。

8.3.2 青少年体力活动促进与体质健康促进

体力活动的健康效应已经毋庸置疑,它在控制体重、降低心血管疾病风险、降低Ⅱ型糖尿病和代谢综合征风险、降低一些癌症风险、增强骨骼健康、促进心理精神健康等方面都获得大量研究的证实[①]。但体力活动不足、静坐行为方式成为全世界的流行趋势,给人类的健康敲响了警钟,发达国家表现尤其突出,发展中国家也不容乐观。尤其是青少年的体力活动水平降低、体质水平下降更是全球面临的重要问题,促进青少年积极参与体育锻炼,增强体质水平,养成终身运动的习惯迫在眉睫。

全球性青少年体力活动不足的问题产生的原因是复杂的,不仅表现在遗传因素、体力活动认知不足、体力活动动机水平低以及体力活动能力欠缺等个体方面,而且更多地表现在社会发展过程中,经济、科技、文化、价值观等环境因素所带来的负面影响上。体力活动社会生态系统各因子的分析较为全面地阐述了青少年体力活动的影响因子以及作用机制,给青少年体力活动的促进提供了理论依据。但单纯依赖改变个体行为、增强组织层面因素的支持方法并不能取得理想的效果,更为有效的途径应该是加强政府领导、注重顶层设计、强化资源整合,动员全社会力量,依托科学研究,对青少年体力活动的社会生态系统进行综合治理与改造。

青少年体力活动促进社会生态系统模式提供了一个综合的理论框架,它立足于社会生态系统理论视角,结合系统学、管理学及健康促进理论设计了体力活动促进组织及管理流程,并借助个体层行为干预理论、组织社区层组织理论设计、开发和实施体力活动促进项目,通过循环往复的诊断、评价、实施、控制流程达到青少年体力活动综合干预的目的。江苏省的学生体质健康促进工程与实践取得了阶段性成效,也在一定程度上验证了该模式的有效性。但我们应该明确,青少年体力活动促进的过程是一个动态复杂的、循序渐进的过程,不能一蹴而就,需要取得全社会对该工作的认可与支持、全社会参与态度和行为的改变以及管理组织能力的跃迁,共同营造出全民参与的体力活动促进氛围,使青少年体力活动个体环境、外部社会环境、物理环境以及内部组织环境得到系统的改变。

---

① 美国疾病防控中心网站. The benefits of physical activity[EB/OL]. http://www.cdc.gov/physicalactivity/everyone/health/index.html#ControlWeight,2011.

江苏省青少年体质健康促进战略的重点是提高青少年体育锻炼水平,这与体力活动促进在目标上是一致的。但我们认为,体质健康促进是一个长期的过程,应该更多关注学生的体力活动促进,强调增强青少年体力活动意识,促使他们养成运动的生活方式,不仅更积极参与到学校体育活动中去,而且认识到日常体力活动的重要性。我国无论是在科学研究还是在实践上,对于青少年的体质问题一直比较纠结,自2007年中央7号文件下发以来,全国各地阳光体育运动可谓是蔚然成风,但很多活动只是流于形式,并未起到促进学生体质健康的作用。学校、上级主管部门在体质增强的目标和要求下,片面追求体质指标的增长,而忽略学校体育更为重要的价值,其最终结果可能会造成青少年厌恶体育教育和体育锻炼,一旦他们离开学校,就会加入到体力活动不足的大军中。所以,增强学生体质,提高健康水平应该是我们关注的一个重要目标,对于青少年来说更重要的是让他们享受运动带来的各种乐趣,并逐渐养成终身运动的习惯,把运动融入日常生活中去,这也是该研究强调青少年体力活动促进而不以体质健康促进为题的重要原因。

8.4 本章小结

本章以青少年体力活动促进江苏模式为例,从该工程的背景、组织的构建、组织的管理机制、组织的管理流程以及工程实施的效果等方面进行深入的探讨和分析,总结了江苏省取得阶段性成果的关键成功因素与有效途径。分析结果表明,青少年体力活动促进社会生态系统模式对于江苏省学生体质健康促进具有较高的模型适配度。基于组织、诊断、评价、实施的管理流程和生态系统综合干预的一体化模式的运用,对于青少年体力活动宏观环境层面、组织层面以及个体层面制约因素改善具有综合的效益,青少年体力活动生态系统的改变是提高青少年体力活动水平、增强体质的有效途径,在这个过程中,各级组织和个人乃至社会整体健康促进的能力也得到较大提高。同时,我们也指出,以体质增强为目的的学校体育教育和评价应该转向促进学生体力活动水平提高上来,更多地体现出学校体育教育对青少年学生运动认知水平、运动参与兴趣、运动参与积极性、运动能力提高以及最终把运动融入日常生活的价值。

第9章 青少年体质健康促进管理信息系统建设

江苏省在学生体质健康促进工作中走在全国前列,通过近五年的体质健康促进工程,建立健全了管理机制,形成了完善的学生体质健康促进网络,创新实施了以促进学生身体活动、提高学生体质健康水平为目的的促进项目,让学生身体活动得到有效保障,体质健康水平得到有效改善,从而也积累了丰富的资源,包括五年的学生体质健康数据、有效的学生体育锻炼指导方案、丰富的大课间体育活动等等。为了发挥已有资源的优势,把学生体质健康促进工作进一步落实到每一位学生,急需搭建契合江苏省学生体质健康促进管理的网络平台,实现资源共享,让学生个体能够便捷获得锻炼的方法和手段,让家长、老师、学校和管理部门可以科学监测学生体质状况、了解学生体质健康变化,基于这些要求,该研究设计和开发了江苏省学生体质健康促进管理平台。一方面,试图解决学生体质健康状况和体育锻炼手段的便捷获取问题;另一方面,为行政管理部门和利益相关者提供决策和参考的依据。

9.1 管理信息系统总体设计

学生体质健康促进管理信息系统建设的目的是提高学生体质健康促进管理工作的科学化和效率水平。在用户层涉及不同层次的用户,包括学生、家长、老师、不同等级管理员,各级各类用户拥有不同功能和权限;在 Web 层主要实现通知公告信息、政策信息及运动方案的查询;在应用层实现用户管理、学校管理、学生管理、身体活动项目库管理、体质评价标准管理、体质评价模型管理、运动方案(处方)管理等。为实现用户层、Web 层和应用层的功能,底层数据库建立了各类繁多的数据库,总体架构如表 9-1 所示。

表 9-1　系统总体结构表

用户层	学生	教师	学校管理员	县级管理员	市级管理员	省级管理员	管理员
WEB层	Internet 网站 WEB 界面层：查询、浏览信息							
	通知	公告	政策	体质健康	卫生	新闻	运动处方
应用层	应用层：信息管理、系统管理、用户管理						
	用户管理	学校管理	学生管理	项目库管理	评价标准管理	评价模型管理	运动处方管理
数据库层	数据库层：SQL						
	市信息库	县信息库	学校信息库	用户信息库	学生信息库	项目信息库	健康信息库
	运动处方库	通知信息库	新闻信息库				

9.2　管理系统功能设计

9.2.1　总体功能

系统建设的目标：① 为学校、家庭、个体提供全面的体质评价和诊断信息；② 依据体质诊断结果出具个性化的运动方案，提高学生参与体育锻炼的积极性，提高学生运动的科学性和有效性；③ 实现不同层级学生体质健康数据和身体活动数据的管理，为学生的体质健康促进工作提供决策。系统在总体上主要分为两大子系统，一部分实现学生体质评价、诊断，提供个性化的运动指导方案；另一部分实现学校、区县级、市级及省级各级学生体质健康和运动数据管理。另外附加基础数据管理功能等，见图 9-1。

第9章 青少年体质健康促进管理信息系统建设

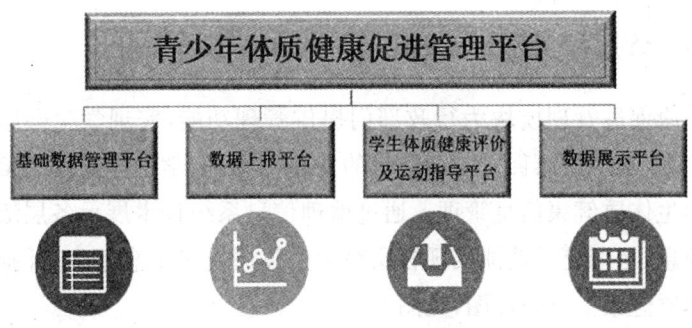

图 9-1 管理系统总体功能图

基础数据管理、数据上报和数据展示功能主要实现学生体质健康促进管理，学生体质健康评价及运动指导的用户对象为学生，主要根据学生体质健康信息，提供有针对性的运动指导方案。

9.2.2 学生体质评价和运动指导

体质评价和运动指导子系统的功能设计采用了健康管理的基本逻辑，涵盖了健康电子档案的体检信息、家庭史、既往病史及运动生活方式等信息，在此基础上对用户进行健康风险评估、运动风险评估、身体活动评估以及体质健康评估，根据诊断评价结果，系统提供个性化运动指导方案，供用户参考。在此功能模块中，系统设计还提供了用户的运动管理，根据用户的运动目标，评价用户的运动完成情况，记录用户每天的运动信息，见图 9-2。

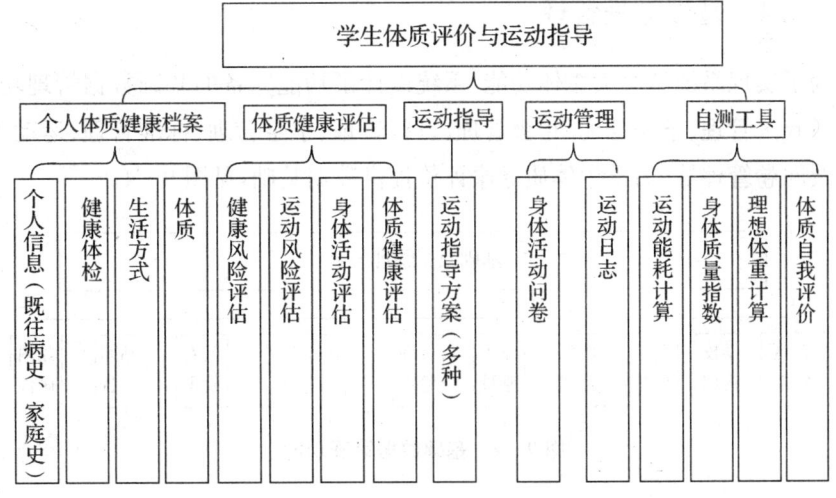

图 9-2 体质评价和运动指导功能图

9.2.3 体质健康促进管理

体质健康促进管理模块为行政部门提供管理功能,实现学生健康促进信息的发布与管理、学生健康促进政策信息的发布与管理、学生体质健康信息管理以及各层级学生体质健康信息管理。通过地理信息系统技术展示各层级学生体质健康地理信息,运用统计功能实现各层级学生体质健康信息报表,并提供各种形式的学生体质健康信息统计图,见图9-3。

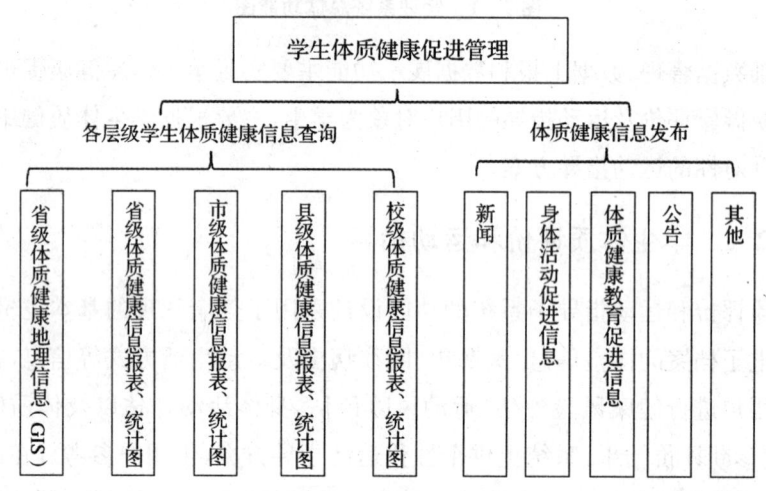

图9-3 体质健康促进管理功能图

9.2.4 基础数据管理

为了实现系统的两大主体功能,系统设计了功能完备的基础数据管理功能,包括行政区管理、学校管理、年级管理、班级管理、学生管理、标准管理、运动方案管理及问卷管理等,为学生体质健康评价提供数据基础,见图9-4。

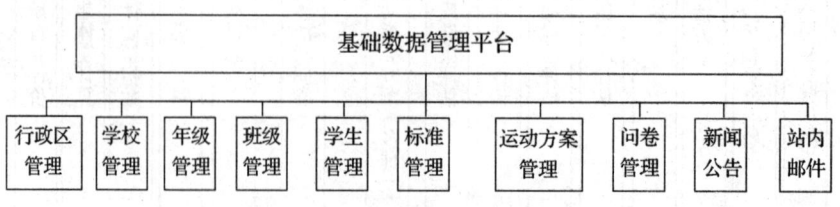

图9-4 基础数据管理功能

9.3 管理系统运作流程设计

学生体质健康促进管理的流程设计主要包括学生体质评价和运动指导系统功能的实现流程、数据信息流程以及系统运作的详细流程设计。

9.3.1 用户运动指导方案生成总体流程图

体质评价和运动指导功能流程主要是为学生提供个性化的运动指导方案,在流程上经过主要的三个步骤:第一步,根据学生的健康电子档案信息,对学生的健康进行风险评估,提供健康风险评估报告;第二步,根据导入的或学生录入的体质健康数据,对学生的体质健康进行评价,提供详细的体质评价报告;第三步,根据健康风险评估结果和体质评价诊断结果,为学生提供个性化的运动指导方案。最后,系统根据学生的运动信息,监控学生的运动过程,实现学生的运动管理,见图9-5。

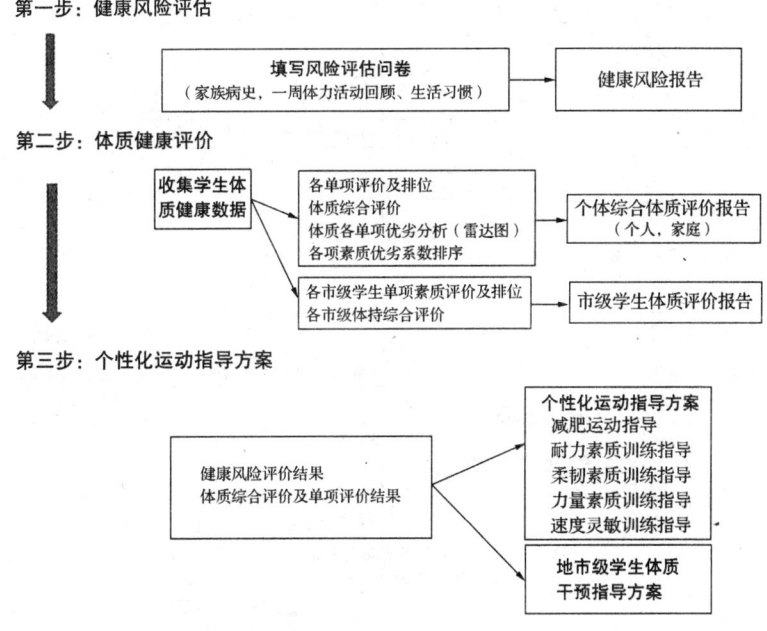

图9-5 运动指导方案生成流程图

9.3.2 学生运动指导方案信息生成机制流程图

学生运动指导方案信息的生成是该系统功能实现的关键环节,数据以学生录入或系统导入的方式,存储于数据库,然后经过预处理和审核后,交由相应的评价模型进行处理,生成有价值的信息,用于运动方案信息生成和体质评价统计信息生成。处理完成的信息进一步存储于相关的数据库中,供决策参考,见图9-6。

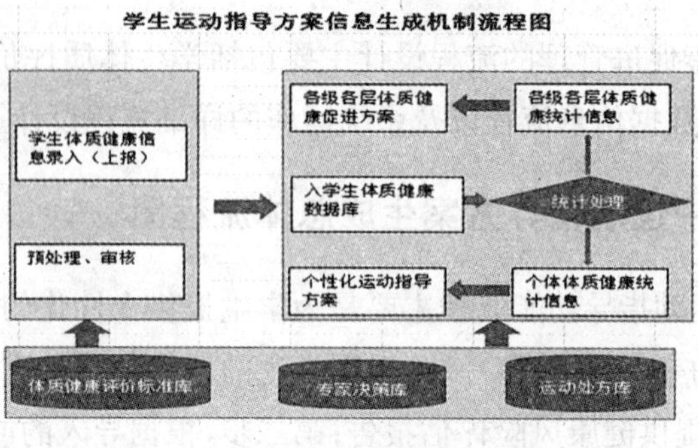

图9-6 运动指导方案信息生成机制

9.3.3 系统信息详细流程图

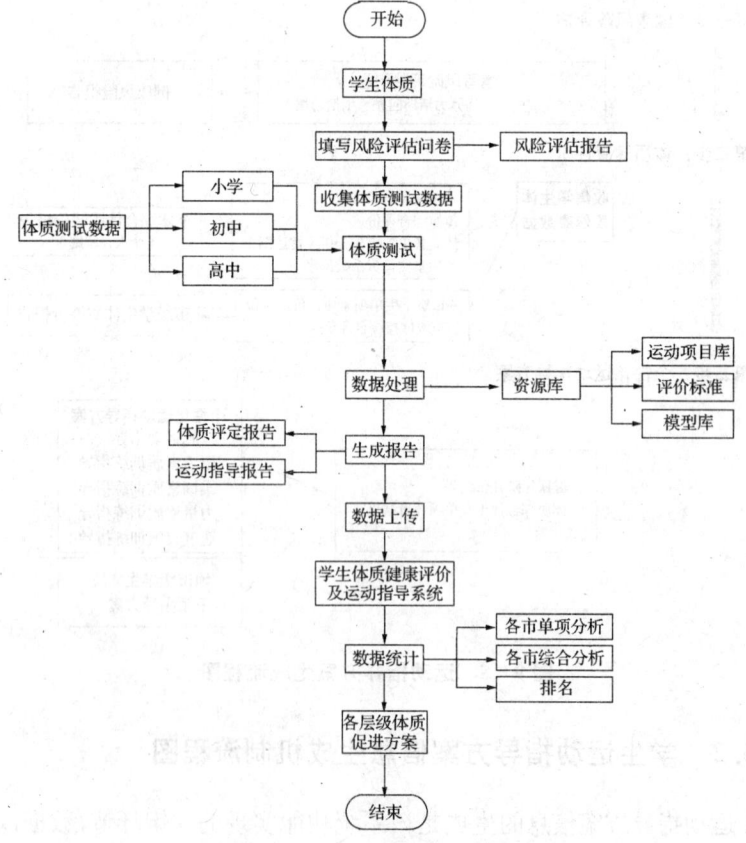

图9-7 系统总体信息流程图

9.3.4 基础数据管理流程

系统设置了不同类型用户,不同类型用户管理的权限有所区别,基本的流程见图 9-8。基础数据管理功能由不同层次的管理实现,学校管理员负责创建基础教师用户、班级信息以及导入学生的体质数据;市县级管理员创建市县级用户,并对用户数据进行管理;超级管理员能够管理各级各类信息。

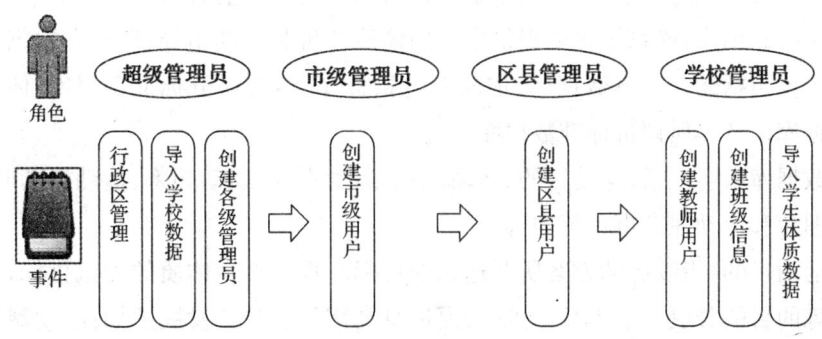

图 9-8 基础数据管理图

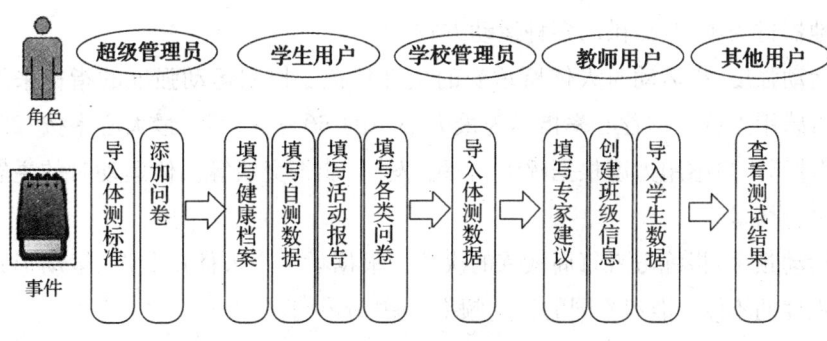

图 9-9 数据录入及展示流程图

学生体质健康评价数据由管理员导入,学生用户填写各种档案信息或调查问卷,系统对学生的体质数据进行评价,生成评价报告。教师查看学生的体质报告并提出针对性的运动指导建议。

9.4 管理信息系统数据库及模型库

9.4.1 数据库

基础数据库：该系统平台功能的多样性，决定了数据库的多样性，基础的数据库包括市信息库、县数据库、学校数据库以及学生信息库，这些数据库信息与教育部门的信息进行了对接，便于管理市、县、学校及学生信息。

主要数据库：该系统主要提供学生的体质评价和运动指导，所以在数据库设计上主要包括运动方案数据库、体质评价指标库、体质评分标准数据库、体力活动数据库以及体质评价标准数据库。

数据库内容包括：运动目的、运动形式、运动强度、运动频率、运动持续时间、示例图片和运动注意事项等内容。

运动目的：指该运动方案所要达成的目标。根据学生体质的测试指标，把运动锻炼的目的分成了七大类，分别为促进身高增长、减肥、发展柔韧性、发展速度素质、提高有氧耐力、发展肌肉力量。

运动形式：指运动处方的核心内容，是根据学生的体质、兴趣爱好、运动基础和场地器材的不同，提供的多种运动方式。

运动强度：指运动时人体所承受的生理负荷。控制运动强度的指标采用心率和自感用力度。推荐心率指标为最大心率的 60%~80%，最大心率按"220—年龄"计算。自感用力度根据呼吸、心跳、发汗、能否交谈等人体运动时的主客观指标进行衡量。

运动频率：指练习者每周锻炼的次数。根据学生个人体质状况、运动形式和运动强度的不同，推荐不同的运动频率，每周不少于 2 次。

运动持续时间：指用于主要运动形式上的时间，不包括准备活动及放松活动的时间。根据运动项目、运动强度以及学生体质的不同确定，取 30~60 分钟。

运动处方数据库的建立，还要考虑到学生的年龄和性别分组。年龄分组具体为一、二年级组，三、四年级组，五、六年级组，初中组和高中组共 5 个年龄组。由 7 大类运动目的和 10 个性别年龄组，形成 70 个运动指导方案子类，每个子类的方案可以任意添加、更新和删除。

考虑到学生体质评价指标的动态变化性，建立了体质评价指标库，并设立了版本号，以便于适应不同的评价指标，目前采用国家学生体质健康标准测试指标及权重，见表 9-2。

表9-2 学生体质测试指标及权重分配表

测试对象	单项指标	权重(%)
小学一年级至大学四年级	体重指数(BMI)	15
	肺活量	15
小学一、二年级	50米跑	20
	坐位体前屈	30
	1分钟跳绳	20
小学三、四年级	50米跑	20
	坐位体前屈	20
	1分钟跳绳	20
	1分钟仰卧起坐	10
小学五、六年级	50米跑	20
	坐位体前屈	10
	1分钟跳绳	10
	1分钟仰卧起坐	20
	50米×8往返跑	10
初中、高中、大学各年级	50米跑	20
	坐位体前屈	10
	立定跳远	10
	引体向上(男)/1分钟仰卧起坐(女)	10
	1 000米跑(男)/800米跑(女)	20

体质评分是为了进行体质综合评价,根据不同年龄、性别以及各指标的大小,建立不同指标段的分值库,方便指标评分;同时,根据国家学生体质健康标准等级评判等级,建立了评价等级库,并设立了各等级的评价语。

体力活动日常记录数据库建立的基础是学生日常体力活动调查问卷,目的是记录学生每天的体力活动情况,在时间上从早上7点到晚上11点,记录学生一天中每半小时的活动情况。在结构上,主要包括时间段、活动类型、活动强度。活动类型主要涵盖了抗阻性锻炼、静息、灵活伸展性锻炼、竞技比赛、有氧运动、日常生活运动等。活动强度主要分为安静状态、轻度体力活动、中度体力活动、高强度体力活动等。该数据库用于统计学生一天中不同强度的体力活动时间,以便判断学生是否能够达到体力活动标准要求。

9.4.2 模型库

(1) 体质综合评价模型

体质评价采用加权平均型综合评价模型,将学生测试的单项指标加权得分相加求和,得到其体质综合得分,计算公式为:

$$N = \sum N_i \beta_i$$

公式中 N_i 表示各单项指标的得分,β_i 表示各单项指标的权重。

按照《中国学生体质健康标准》划分的等级方法,确定江苏省学生体质综合评价等级标准:90.0 分及以上为优秀,80.0～89.9 分为良好,60.0～79.9 分为及格,59.9 分及以下为不及格。

(2) 单项指标优劣系数计算模型

设定单项指标目标值 M,M 值取值为优势标准分 Y,Y 分所对应的各指标值构成了学生体质各有效指标的最优集合体,是在一段时间内对学生体质发展的最高期望值。计算各指标与目标之间的差距系数 $CX =$ 权重 $\beta_i \times (M -$ 实际测试值对应的分数$)/M \times 100$。

9.5 管理信息系统实现关键技术

9.5.1 体质测试指标和运动指导方案对应关系

(1) 一、二年级组

身高——长高

BMI 超重肥胖——减肥

坐位体前屈——发展柔韧性

50 米跑——发展速度素质

1 分钟跳绳、肺活量——提高有氧耐力

(2) 三、四年级组

包括一、二年级组对应关系

1 分钟仰卧起坐——发展肌肉力量

(3) 五、六年级组

包括三、四年级组对应关系

50 米×8 往返跑——提高有氧耐力

(4) 初中、高中

身高——长高

BMI 超重、肥胖——减肥

坐位体前屈——发展柔韧性

50 米跑——发展速度素质

肺活量、1 000 米跑(男)/800 米跑(女)——提高有氧耐力

引体向上(男)——发展上肢力量

1 分钟仰卧起坐(女)——发展肌肉力量

立定跳远——发展下肢力量

9.5.2 体质评价优劣态势评价结果编码

该系统平台针对学生的体质优劣的评价结果,优先给出与劣势指标对应的运动指导方案,然后给出其他的运动指导方案供学生参考。体质评价结果采用编码方式,编码规则为:年级组(1位)+性别(1位)+指标(2位)+优劣(1位)。年级组取值 1、2、3、4、5 分别对应于一、二年级,三、四年级,五、六年级,初中组和高中组。性别取值为 1、2 分别对应男和女。指标取值为 01~09,分别对应于身高、BMI(身体质量指数)、肺活量、坐位体前屈、50 米跑、1 分钟跳绳、小学 50 米×8 往返跑、初高中男生 1 000 米、初高中女生 800 米、力量(小学男女生仰卧起坐、初高中男生引体向上、初高中女生仰卧起坐)和立定跳远。优劣取值为 1、2 分别对应优势和劣势。例如,小学三年级男生坐位体前屈为优势指标,则编码为 21041,由此所有的编码组合为 180 个,见表 9-3。

表 9-3 体质优劣态势评价结果编码表

11011	12011	21011	22011	31011	32011	41011	42011	51011	52011
11012	12012	21012	22012	31012	32012	41012	42012	51012	52012
11021	12021	21021	22021	31021	32021	41021	42021	51021	52021
11022	12022	21022	22022	31022	32022	41022	42022	51022	52022
11031	12031	21031	22031	31031	32031	41031	42031	51031	52031

续表

11032	12032	21032	22032	31032	32032	41032	42032	51032	52032
11041	12041	21041	22041	31041	32041	41041	42041	51041	52041
11042	12042	21042	22042	31042	32042	41042	42042	51042	52042
11051	12051	21051	22051	31051	32051	41051	42051	51051	52051
11052	12052	21052	22052	31052	32052	41052	42052	51052	52052
11061	12061	21061	22061	31061	32061	41061	42061	51061	52061
11062	12062	21062	22062	31062	32062	41062	42062	51062	52062
11072	12072	21072	22072	31072	32072	41072	42072	51072	52072
11081	12081	21081	22081	31081	32081	41081	42081	51081	52081
11082	12082	21082	22082	31082	32082	41082	42082	51082	52082
11091	12091	21091	22091	31091	32091	41091	42091	51091	52091
11092	12092	21092	22092	31092	32092	41092	42092	51092	52092

所有编码中，末尾为1的为优势指标，末尾为2的为劣势指标。

9.5.3 运动指导方案编码

运动指导方案编码为：性别(1位)＋年级组(1位)＋运动目的(1位)＋序列号(3位)，前三位数字决定了该方案的类别，后三位是该类别运动方案的编号。性别和年级组的编号与上述体质优劣态势编号相同，运动目的编号1~7分别对应于促进身高增长、减肥、提高有氧耐力、发展肌肉力量、发展柔韧性、发展速度素质和发展下肢力量。由此6位运动指导方案编码可以容纳70类方案，每类方案各可容纳999个。

学生的体质优劣评价结果编码决定了不同性别、年级组及指标优劣态势，同时与运动指导方案的子类进行对应，可以优先查找出相应的运动指导方案。

9.5.4 软件开发技术

(1) 前台技术

该系统采用 BS 结构设计，前台开发采用 HTML5＋Bootstrap＋jQuery。HTML5 是新一代 Web 语言，为 Web 提供了全新的框架和平台，具有音频视频、图像动画、本体存储等重要功能，并使其应用标准化，让 Web 轻松实现桌面应用功能。运用 HTML5 实现了网页直接调试和修改程序。另外,对于开发 Web Appg 更加具有便捷性。

Bootstrap 是一个基于 HTML、CSS、JavaScript 的用于快速开发 Web 应用程序和网站的前端框架,几乎支持所有的浏览器,其响应式 CSS 能够自适应于台式机、平板电脑和手机等多种终端设备,且系统界面在不同的终端设备上都有很好的展示效果。它在 jQuery 的基础上进行了更为个性化的完善,形成一套自己的网站风格,并能够兼容大部分 jQuery 插件。

jQuery 是一套跨浏览器的 JavaScript 库,大大简化了 HTML 与 JavaScript 之间的操作,封装了大量的插件,对于实现网站动态特效、链式调用、系统扩展、多浏览器版本判断具有较好的支持作用。

(2) 后端技术

后端应用开发采用 Struts+Spring+Hibernate(SSH)软件应用程序框架。SSH 是 J2EE 平台项目中使用的三种框架。Struts 对 Model、View 和 Controller 都提供了对应的组件。Spring 是一个轻量级的控制反转(IoC)和面向切面(AOP)的容器框架,由 Rod Johnson 创建。它是为了解决企业应用开发的复杂性而创建的,Spring 使用基本的 JavaBean 来完成以前只可能由 EJB 完成的事情。Hibernate 是一个开放源代码的对象关系映射框架,它对 JDBC 进行了非常轻量级的对象封装,可以应用在任何使用 JDBC 的场合,可以在 Servlet/JSP 的 Web 应用中使用,也可以在应用 EJB 的 J2EE 架构中取代 CMP,完成数据持久化的重任。

(3) 数据库技术

数据库采用 Oracle,也是目前世界上流行的关系数据库管理系统,系统可移植性好、使用方案多、功能强大,适合于高吞吐量的数据库管理。

9.6 管理系统界面设计

9.6.1 首页

首页界面以系统主要功能为导向,设置了不同用户的入口,功能导航下方列出网站动态新闻和相关公告通知,界面色调以绿色为主,生动活泼,给用户以清新健康的感觉,见图 9-10、9-11。

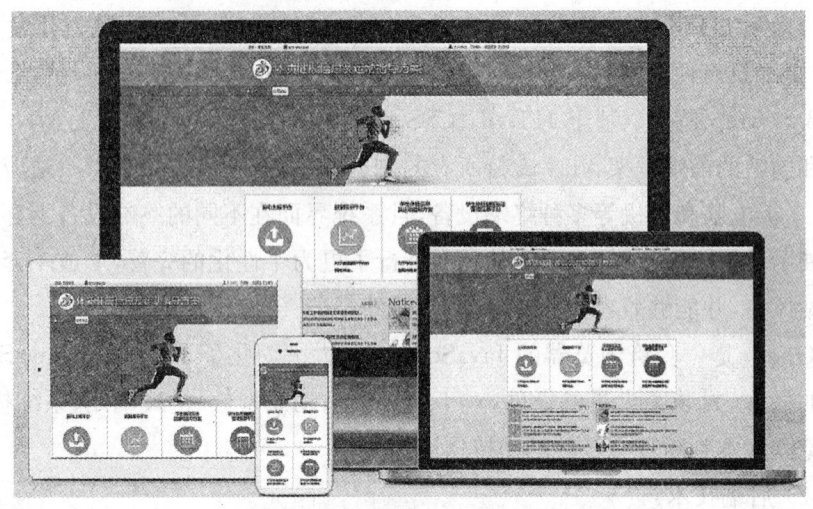

图 9-10　系统首页界面设计图

图 9-11　学生体质评价和运动指导平台首页界面

9.6.2　体质评价报告界面

体质评价报告界面由三个部分组成,第一部分为各指标评价结果。系统以柱状图方式给出各指标所达到的级别并附加各指标测试的意义,见图 9-12。

第 9 章 青少年体质健康促进管理信息系统建设

学生体质综合评定报告

姓名	李一	年级	初一	班级	8班	性	男
测试日期	2017-3-16 14:54			身高	167cm	体	65kg
学校				南京市金陵中学			

			偏矮	较矮	中等	较高	偏高
身体发育	身高	167cm					
	评分						
	寄语：匀称修长的身形不仅是人体形态发育良好的标志，而且也是审美的需要。而身高发育不良不仅影响美观，也可能预示着生长发育过程中存在一些隐匿的身体疾患，需要引起重视。							
			偏瘦	正常	超重	肥胖	
	BMI	23.3					
	评分	70					
	寄语：BMI即身体质量指数[体重（公斤）/身高（米）平方]，是衡量人体胖瘦程度的指标。过胖或过瘦均会对人体健康产生较大的不良影响，将BMI保持在正常范围是获得人体健康的重要条件							

			不及格（界值）	及格（界值）	良好（界值）	优秀（界值）	
心肺功能	肺活量	3000ml					
	评分	80					
	1000米跑	240s					
	评分	100					
	寄语：心肺功能是决定人体健康水平的重要指标。它不仅是日常生活体力、精力、耐力以及抗疲劳能力的重要基础，而且良好的心肺功能还可以降低心血管系统和呼吸系统的疾病风险							

			不及格（界值）	及格（界值）	良好（界值）	优秀（界值）	
肌肉力量	引体向上	3个					
	评分	50					
	寄语：肌肉力量是对抗自身重量及外部负荷的需要，它是衡量人体健康水平的重要组成部分。良好的肌肉力量不仅是日常生活中长时间维持姿势、提高学习效率的重要保证，而且具有减少肌肉慢性劳损、保护骨骼关节、维持身体平衡、促进血液循环、预防肥胖等多方面作用							

			不及格（界值）	及格（界值）	良好（界值）	优秀（界值）	
柔韧素质	体前屈	10cm					
	评分	78					
	寄语：柔韧素质是肌肉关节健康、灵活的标志。良好的柔韧性可以预防运动损伤，减轻肌肉慢性疼痛，促进肌肉关节部位的血液循环							

			不及格（界值）	及格（界值）	良好（界值）	优秀（界值）	
速度素质	50米跑	8s					
	评分	90					
	寄语：速度素质是指人体快速运动的能力。快速运动反映着机体运动的加速度和最大速度的能力。对于紧急状态下避让、追赶、逃生、趋利避害有重要作用							

			不及格（界值）	及格（界值）	良好（界值）	优秀（界值）	
下肢力量	立定跳远	175cm					
	评分	70					
	寄语：下肢爆发力是人体下肢力量和速度的有机结合，反映了人体下肢快速克服阻力的能力，对人体在特殊情况下跨越、弹跳、攀高、躲闪具有重要的作用							

			不及格（界值）	及格（界值）	良好（界值）	优秀（界值）	
	评分	81.8					
综合评价	你的体重已经处于超重水平，请注意饮食调整和控制，降低体重水平；你的心肺功能很好，请你继续保持；你的肌肉力量不及格，你必须高度重视你的肌肉力量薄弱问题，坚持每周3-5次的力量锻炼。建议你参照本系统为你推荐的提高肌肉力量的运动指导方案进行锻炼；你的柔韧素质仅仅及格，你需要增加柔韧素质锻炼，坚持每周3-5次的肌肉拉伸练习。具体请参照本系统为你推荐的提高柔韧素质的运动指导方案；你的速度素质很好，请继续保持；你的下肢爆发力仅仅及格，你需要增加下肢力量锻炼，坚持每周3-6次的力量锻炼。具体请参照本系统为你推荐的提高下肢爆发力的运动指导方案；你的体质健康总评为"良好"，参见下方的体质相对薄弱指标，有针对性的锻炼，坚持"保优提劣"，提高体质健康水平；建议：尽可能每天能够保持60分钟以上的中等强度以上运动。减少看电视、电脑及其他屏幕时间和玩电子游戏时间。合理膳食，多食新鲜蔬菜、水果，减少高热量、高脂肪饮食							

图 9-12 学生体质综合评定报告第一部分

第二部分给出综合评价结果。系统从身体发育、心肺功能、肌肉力量、柔韧素质、速度素质以及下肢力量几个方面给出该学生的综合评价结果,并提出建议。第三部分为指标的优劣态势诊断结果与分析。系统以雷达图方式展示各指标的优劣程度,并给出运动指导方案,见图9-13。

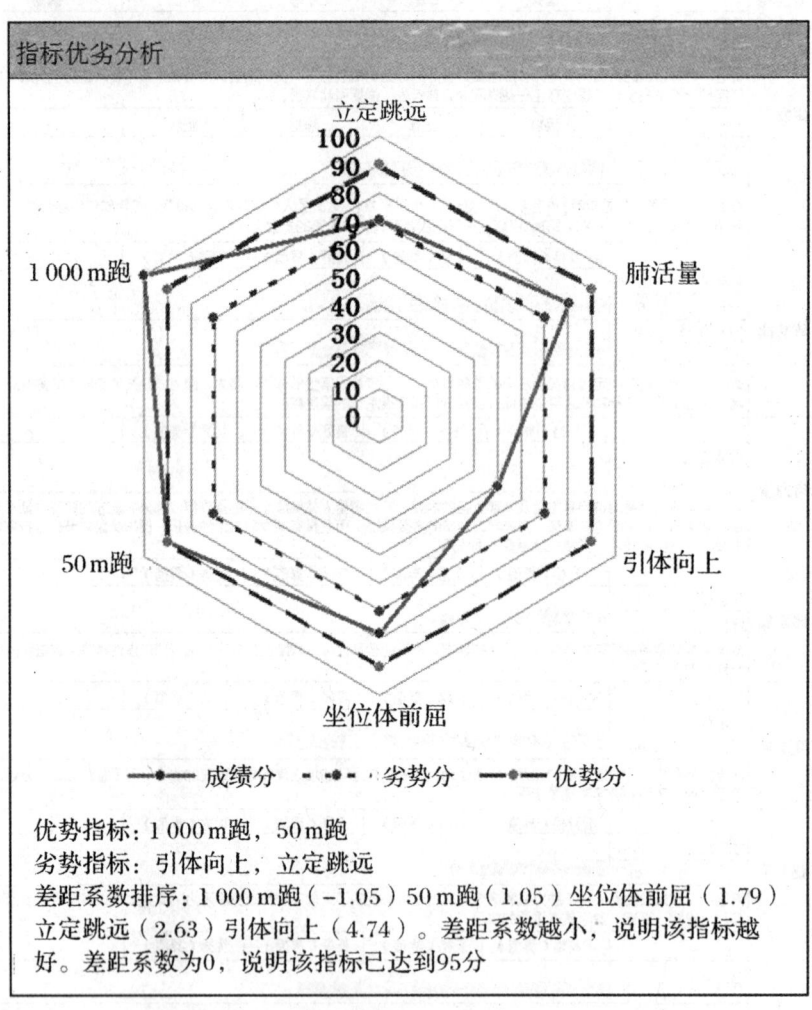

图9-13 学生体质综合评定报告第二、第三部分

9.6.3 运动指导方案界面

运动指导方案的文本形式包括运动目的、性别、适用年级、运动形式、锻炼方法、运动量等内容,另外,在网络上配有相应的图片和视频。文本界面见图9-14。

学生运动指导方案	
方案信息	
锻炼目的	
发展柔韧性	
适用对象	
年级组：	初中
性别：	男
运动形式	
高位体前屈	
锻炼方法	
分腿坐于肋木前，双脚放于肋木上，做高位体前屈。帮助者可适当用力压其背部协助下压，压至最低点时停5～10秒做静力性的拉伸，随着水平的提高，可逐步抬高腿进行练习。	
运动强度	
下压时的主观用力感觉是腿部及腰背部较酸并伴有轻度疼痛，随着练习时间及幅度的增加，酸痛感依然存在。	
运动量	
练习坚持20～40次为1组；间隔2～3分钟后，再做第2组；一次锻炼以3～4组为宜。	
每周次数	
2次	
注意事项	
练习时注意：练习前做好准备活动，微出汗后开始练习。练习要循序渐进，能在酸痛的情况下坚持练习，逐渐增加高度，下压不可野蛮用力，防止引起肌肉韧带拉伤。	
专家建议	

图9-14　运动指导方案示意图

9.7 管理信息系统特点

该系统平台具有以下主要特点:

① 体质评价依据最新的《国家学生体质健康标准》(2014版)。运动指导方案遵循运动处方原理,由省内体育和卫生健康教育等方面专家和中小学一线优秀体育教师共同研究制订。

② 针对学生不同性别、年龄及体质特征,有针对性地给出个性化体质评价报告,并在运动强度、频率、时间和安全等方面提供改善体质薄弱指标的多元化运动指导方案。

③ 运动指导方案的内容既有文字描述,又有图片或视频展示。学生随时查看自己的体质指标优劣情况,按照指导方案科学地进行学习和锻炼。家长和教师也可以根据权限及时了解相关情况。

④ 系统平台构建在 Internet 和专网之上,是独立于计算机硬件和操作系统的支持业务管理、数据展示、应用软件开发运行和基层业务的系统平台,专门开发动态管理系统移动终端 WAP 站点,支持多终端登录包括 Windows 系统、Android 系统、iOS 系统平台,如图 9-15 所示。

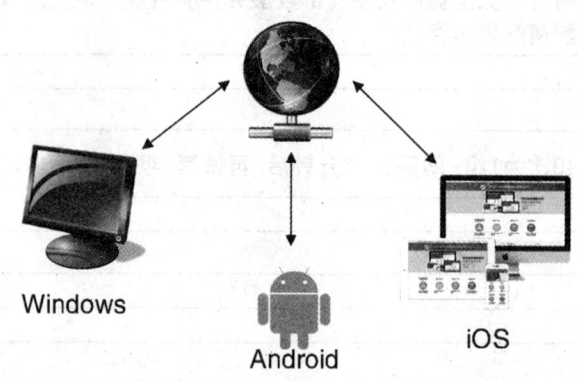

图 9-15 系统跨平台适应特点

9.8 本章小结

信息技术广泛应用于日常生活当中,通过手机、平板电脑、电脑等各种终端可以方便快捷地获取网络信息,给人们的生活、学习带来极大的便利。信息技术已经应用于体育的各个领域,借助信息技术传播运动媒体信息、分享体育运动锻炼的快乐也成为当前年轻人的时尚。该研究设计开发的青少年体质健康促进管理系统契合了当前青少年体育锻炼的需求,它运用科学的评价方法,评价诊断学生的体质健康状况,给出个性化的体质评价报告,让学生了解自己的体质健康水平以及与体质相关的健康风险;同时,根据他们体质健康优势或劣势,有针对性地提供在线运动指导方案。方案采用文本、图片和视频的形式,便于手机、平板以及电脑等各种终端设备浏览。另外,该系统的设计和开发考虑到管理部门的需求,在收集存储学生体质健康信息的同时,也可以给相关管理部门提供体质健康群体统计信息,借助于地理信息系统展示不同区域学生体质健康状况的分布特征,采用统计图和统计表等多种形式为相关行政部门提供强有力的信息决策支持。

第 10 章 研究结论与展望

10.1 研究结论

其一,青少年体力活动社会生态系统由个体微观系统和由学校、家庭、社区及媒体组成的中观系统及由经济、科技、政策、制度及意识形态组成的宏观系统共同构成。各层系统因子及其相互之间的交互作用制约着青少年体力活动的参与,青少年体力活动不足的问题来自于社会生态系统本身。体力活动促进是一项包括改善个体、社会和自然的综合性复杂系统工程,是对青少年个体体力活动行为,青少年利益相关群体、组织以及制度、文化、价值观等系统的综合管理过程。

其二,个体微观系统因子表现为体力活动认知水平、体力活动能力、体力活动参与意向、态度、自我感知以及年龄、性别等个体生物、社会及心理系统因子,且直接决定青少年体力活动参与的取向性;中观、宏观系统因子直接或间接地通过个体微观系统因子对青少年体力活动的参与产生影响。体力活动以及个体感知体力活动的影响因素调查结果验证了青少年体力活动社会生态因子结构模式和青少年体力活动促进模式。

其三,青少年体力活动促进社会生态系统模式,在促进管理组织设计上采用横向专家领衔项目管理和纵向直线领导的矩阵式组织结构形式,强调了广泛的社会参与特性;在体力活动促进项目上,充分发挥社会群体和专家的作用,保障了促进项目的科学性;在管理组织流程上,设计了体力活动行为及环境诊断、教育组织诊断、管理政策诊断、过程评价、影响评价以及结果评价等 6 个承上启下、循环往复的组织过程,对于提高促进项目的实施效果具有重要参考价值。

其四,社会生态系统视域下的青少年体力活动促进不仅是对个体体力活动行为的干预,而且在更广泛的意义上是对社会生态系统的综合推进。青少年体力活动促进社会生态系统模式综合考虑了社会生态因子的交互作用机制,扩展了基于因子结构关系的促进模式,融入了体力活动促进管理的过程,并进一步探索了促进过程中组织建设、组织发展以及促进项目的实施关键因素,综合体现了体力活动促进的社会生态特性。

其五,青少年体力活动促进的江苏模式实践在一定程度上验证了 APAP-SEM 模式具有内部有效性。模式的有效运作得益于以下关键的成功因素:① 教育行政部门充分发挥组织、领导和管理的作用,一系列政策、制度的建立,保障了促进工程项目的顺利进行,提高了政策的执行力;② 监测中心、研究中心的机构建立为纵向领导提供了强有力的决策支持,充分发挥了专家在促进项目设计和开发上的积极作用,提高了促进项目的科学性和有效性;③ 持续的人力、物力、财力的支持为促进项目的实施提供动力;④ 连续三年的监测、评价、项目实施与管理保障了促进项目切实落实到青少年的体力活动促进上。

其六,青少年体质健康促进管理系统建设,为青少年体质健康档案管理、青少年体质健康评价提供了强有力的网络工具;为不同体质指标态势提供了具有针对性的运动指导方案;为相关行政部门了解学生体质健康的分布特点、性别特点、年龄特点以及区域特征提供了有力的决策支持。

10.2 研究展望

本研究基于社会生态系统理论视角构建了青少年体力活动生态系统,详细分析了各子系统因子及其交互作用给青少年体力活动参与带来的影响,并结合调查数据验证了个体层因子、组织社区层因子以及社会支持因子之间的结构关系,为青少年体力活动不足的影响因素分析及干预项目设计提供了分析框架。其实,我们并不缺乏青少年体力活动行为或锻炼行为的干预理论研究和体力活动促进实践研究,关于学校、家庭和社区一体化的促进理论模式也得到普遍的认可,但实施这种综合的干预模式受到宏观社会生态因素及微观项目管理能力的制约,单独依赖政府和学校并不能有效实现预期的目的。行政部门的作用应该转向组织、协调、整合和优化社会资源的功能上来,为学校、社区和家庭的参与提供政策、制度和资源保障,充分调动青少年利益相关群体参与这项工程的积极性和主动性。

青少年体力活动促进社会生态系统模式的提出正契合了理论和实践的要求,在组织、管理上为行政部门和学校开展青少年体力活动促进项目提供了详细的流程和决策参考,但该研究仍具有以下几个方面的局限性:① 青少年体力活动影响因子结构模式中仍然缺乏政策、制度、文化价值观等宏观因素的考量,有些因素并不能通过对学生的感知的调查得到有效可靠的测量;② 实证调查数据来自于江苏镇江部分初、高中学生群体,并不能代表全国的青少年群体,虽然青少年体力活动影响因子结构模式与已有的研究具有较高的一致性,但并不能保证该结构模式的外部效度;③ 本研究采用案例分析方法试图证明青少年体力活动促进社会生态模式的有效性,但一方面,本案例只涉及江苏省的体质健康促进工程,未涉及其他省市,另一方面,仍然缺乏应用于其他省市的青少年体力活动促进的实践检验。青少年体质健康促进管理系统的建设需要在运动指导方案上更加具有针对性、趣味性和指导性,本研究将在后续的开发中针对不同的性别、年龄特点更加注重运动方案开发的趣味性。

因此,青少年体力活动促进仍然是目前乃至今后相当长一段时间里公共健康领域研究的重要课题。本研究是国家社会科学基金项目(13BTY014)的重要组成部分,今后仍将持续关注和开展系列的实验、实践研究。同时,我们极力倡导我国行政部门和学校积极开展学生日常体力活动测量和评价,努力为青少年创造体力活动的环境和机会,并促使他们养成良好的运动生活方式。我们建议该领域的研究学者从我国青少年体力活动实际出发,在充分开展青少年体力活动描述性研究和解释性研究的基础上,结合心理学、社会学、管理学等不同层面理论研究青少年体力活动行为机理和促进机制,着力开发体力活动促进项目,并通过有效的实施提高青少年体力活动水平,改善青少年体质和健康状况。

附 录

附录1:2012年江苏省学生体力活动影响因素调查量表

体质测试号：　　　　姓名：　　　　出生日期：　　　　性别：□男　□女
学号：　　　年级：　　　班级：　　　学校名称：
地区：1 徐州 2 泰州 3 南通 4 苏州 5 常州 6 南京 7 无锡 8 镇江 9 扬州 10 宿迁 11 连云港 12 淮安 13 盐城

同学们好：

本调查问卷并不是一个考试或测试，选项无对错之分。对你填写的信息我们将严格保密，只用于科学研究。在填写问卷时，请根据实际情况在你们认可的备选答案栏中画"√"。请如实填写，感谢合作！

	完全不同意	不同意	不太同意	同意	非常同意
例：我的母亲喜欢参加体育锻炼。		√			
1. 我学校里的体育场(馆)、器材能满足我在校期间的体育活动需求。					
2. 我家附近的体育场(馆)能满足我在校外的体育活动需求。					
3. 我家里的体育装备(器材、服装等)能满足我的体育活动需求。					
4. 我能获得足够的钱来支付我要参加的体育活动所需要的费用。					
5. 我学校里有多个课外体育俱乐部或兴趣小组可以供我自由选择参加。					
6. 我们学校至少有一支成绩不错、让同学们感到自豪的校运动队。					
7. 我们学校的运动场(馆)有许多鼓励同学参加运动的宣传广告、标语或体育明星的画像、雕塑。					

续表

	完全不同意	不同意	不太同意	同意	非常同意
8. 我所居住的小区(社区、村)里或附近有许多健身社团组织(如羽毛球俱乐部、轮滑俱乐部)可供我自由选择参加。					
9. 在过去的一年中,我至少报名参加了一期课外体育培训班(兴趣班),如游泳班、跆拳道班等。					
10. 我们学校里的体育课程都能正常上,很少被其他课程或活动挤占。					
11. 我们学校每天都有组织得较好的大课间活动。					
12. 没有体育课的当天,我们学校会安排一节课时间左右(约40分钟)的有组织的课外体育活动。					
13. 我们学校每年至少组织一次全校运动会。					
14. 我们学校经常邀请家长来观看或参加学校里的体育比赛。					
15. 我所在的班级每学期至少组织一次班级体育活动。					
16. 我经常能看到我居住的小区(社区、村)里或附近有许多人在锻炼身体。					
17. 我班上的大多数同学非常喜欢参加体育活动。					
18. 我的好朋友中大多数人喜欢参加体育活动。					
19. 我的父亲喜欢参加体育锻炼。					
20. 我的母亲喜欢参加体育锻炼。					
21. 我经常和父(母)亲一起进行体育锻炼。					
22. 我的父母经常督促并积极支持我参加体育活动。					
23. 如果我参加校内外的各种体育比赛或体育表演活动,父母一定会到场观看。					
24. 我和我父母会经常参加小区(社区、村)里的各种体育活动。					
25. 我的父母担心我参加体育活动会影响文化课的成绩。					
26. 我的班主任会经常鼓励和支持我们参加体育活动。					
27. 我的班主任喜欢参加体育活动。					
28. 我的班主任经常与学生一起参加体育活动。					
29. 我的体育老师上体育课时非常认真。					

续表

	完全不同意	不同意	不太同意	同意	非常同意
30. 我的体育老师的运动技术水平很好,让同学们很钦佩。					
31. 我的体育老师的体形很好。					
32. 我非常喜欢我的体育老师。					
33. 我们的校长喜欢参加体育活动。					
34. 我经常见到我们学校的老师们参加体育运动。					
35. 体育成绩不好(并非不及格)的同学在我校不能被评为三好学生。					
36. 老师们对于体育成绩突出的同学会给予与语文成绩突出的同学同等的赞誉。					
37. 同学们对待体育成绩好的同学与语文成绩好的同学的态度是完全一样的,并不认为语文好的同学比体育好的同学更优秀。					
38. 我认为语文等"主课"成绩好的同学比体育好的同学更优秀。					
39. 我认为体育课程与语文、数学、外语等课同等重要。					
40. 我认为体育活动对于促进我的体质健康非常有好处。					
41. 我感觉体育运动能使我开朗、快乐、自信。					
42. 参加体育活动可以劳逸结合,有利于提高文化课的学习效率。					
43. 通过参加体育活动,我认识了好多朋友。					
44. 我上体育课非常认真。					
45. 每天的大课间活动、课外体育活动我都积极认真地参加。					
46. 我的身体素质、运动能力还可以。					
47. 学校里的各种体育活动或体育比赛我都会积极参加。					
48. 放学回家后及周末我会经常参加体育活动(非学校里的体育活动),通常一周不少于2次。					
49. 课后只有完成文化课的作业后我才会考虑去参加体育活动。					

续表

	完全不同意	不同意	不太同意	同意	非常同意
50. 如果文化课任务重,我肯定会放弃体育活动而将时间用在文化课的学习上。					
51. 相对其他活动,体育活动一般比较累,我怕累,所以我尽量避免参加体育活动。					
52. 如果课后有空闲时间,我会将参加体育活动作为首选,而不是去看电视、上网等。					
53. 我喜欢看体育方面的电视节目或新闻。					
54. 我是某(几)个体育明星的忠实粉丝。					
55. 我的睡眠充足,一般每天不低于8个小时,很少犯困打瞌睡。					
56. 我每天都要吃早餐。					
57. 我每天都要喝牛奶。					
58. 我不挑食。					
59. 我每天上学及放学中所花在步行上(非乘车时间)的总时间至少达到20分钟。					
60. 我在家经常干家务活,如拖地、洗碗等。					
61. 在过去的半年中,我几乎没有患过感冒,至少没有因为感冒而服药或就医。					

附录2：世界卫生组织(WHO)体力活动指南

1. 儿童和青少年(5~17岁)

儿童青少年体力活动包括玩耍、游戏、体育竞赛、交通、日常生活活动、休闲、体育锻炼等活动。① 每天至少累计60分钟中—高强度体力活动；② 累计60分钟以上的体力活动更加有利于健康；③ 大多数体力活动应该是有氧运动。高强度体力活动应结合骨骼和肌肉力量的锻炼，每周至少3次。

2. 成年人(18~64岁)

成年人的体力活动包括休闲体育运动、交通(步行或骑车)、职业、家务劳动、玩耍、游戏和体育锻炼等活动。① 18~64岁的成人每周至少累计150分钟的中等强度有氧运动，或者累计至少75分钟的高强度有氧运动，或者中等和高强度有氧运动综合起来达到对等的量。② 每次活动的时间应至少达到10分钟。③ 为取得更好的健康效应，成年人应该将每周中等强度体力活动时间增加到300分钟，或进行150分钟高强度体力活动，或者中高强度运动综合起来达到对等的量。④ 主要的肌肉力量锻炼应该每周安排2次以上。

3. 65岁及以上的成人

针对成人和老年人的主要建议相同。此外，行动不便的老年人每周应有3天或3天以上开展身体活动以加强平衡能力和预防跌倒。当老年人因健康条件不能达到建议的身体活动量时，他们应在自己能力和条件允许的范围内尽量积极参与身体活动。

4. 这些建议适用于所有健康的成人

除非有特殊健康状况表明其不适宜，否则这些建议适用于所有人，不分性别、人种、民族或收入水平。这些建议也适用于与行动能力无关的慢性非传染病患者，例如高血压或糖尿病患者。这些建议也可适用于患有残疾的成人。

5. 多少开展一些身体活动总比一点也不做要好

缺乏活动的人在开始时应做少量的身体活动，并随时间逐步增加活动时间、频率和强度。在增加活动之后，缺乏活动的成人、老年人和受疾病限制的人将感受到额外的健康效益。孕妇、产后妇女和心脏病患者可能需要额外谨慎并征得医生同意,才可去努力达到建议的身体活动水平。

6. 支持性环境和社区可帮助人们更多地参与身体活动

在加强人的身体活动水平方面,城市和环境政策可有巨大的潜力。此类政策的例子包括:确保所有人都能安全地步行、骑自行车和采用其他不用机动车的出行方法;确保学校有安全的场地和设施供学生开展课余活动。

附录3:美国疾病控制与预防中心(CDC)体力活动指南

1. 儿童青少年(5~17岁)

(1) 有氧运动

每天至少60分钟以上的体力活动,包括中等强度有氧运动,比如快速走;或者高强度有氧运动,比如跑步;并确保每周至少3次高强度体力活动。

(2) 肌肉力量

作为60分钟以上体力活动的一部分,每周至少3次肌肉力量锻炼活动,比如体操、俯卧撑。

(3) 增强骨骼

作为60分钟以上体力活动的一部分,每周至少3次有利于增强骨骼发育的体力活动,比如跳绳、跑步等。

2. 成年人(18~64岁)

① 每周至少2小时30分钟(150分钟)的中等强度有氧运动,包括2次以上大肌肉群力量锻炼。

② 或者1小时15分钟(75分钟)高强度有氧运动,包括2次以上的大肌肉群力量锻炼。

③ 或者同等量综合的高强度、中等强度体力活动,包括2次以上的大肌肉群力量锻炼。

④ 每次活动至少10分钟。

⑤ 可以尝试每天3次10分钟以上快速走,每周5天。

3. 老年人(65岁以上)

体力活动量、强度和频率参照成年人。